섹슈얼리티의 근대

.

국립중앙도서관 출판시도서목록(CIP)

섹슈얼리티의 근대: 일본 근대 성가족의 탄생/
지은이: 가와무라 구니미쓰; 옮긴이: 손지연.
– 서울: 논형, 2013
　　p.; cm. – (일본근대 스펙트럼; 12)

원표제: セクシュアリティの近代
원저자명: 川村邦光
일본어 원작을 한국어로 번역
ISBN 978-89-6357-603-9 94910: ₩15000

섹슈얼리티[sexuality]
일본(국명)[日本]

913.05-KDC5
952.031-DDC21　　　　　　　　CIP201300101

섹슈얼리티의 근대

일본 근대 성가족의 탄생

가와무라 구니미쓰 지음

손지연 옮김

논형

セクシュアリティの近代講談社選書メチエ

Sexuality no kindai by Kuni Mitsu

Copyright ⓒ 1995 by Kuni Mitsu

Originally published in 1995 by Kodansha, Publishers, Tokyo.

This Korean language edition published in 2011 by Nonhyung, Seoul by arrangement
with the proprietor c/o Kodansha, Publishers, Tokyo.

섹슈얼리티의 근대
일본 근대 성가족의 탄생

초판 1쇄 인쇄 2013년 2월 10일

초판 1쇄 발행 2013년 2월 20일

지은이 가와무라 구니미쓰

옮긴이 손지연

펴낸곳 논형

펴낸이 소재두

등록번호 제2003—000019호

등록일자 2003년 3월 5일

주소 서울시 관악구 성현동 7—77 한립토이프라자 6층

전화 02—887—3561

팩스 02—887—6690

ISBN 978—89—6357—603—9 94910

값 15,000원

기획의 말

    일본을 가깝고도 먼 나라라고 한다. 감정적인 거리를 뜻하는 말이겠지만, 학문적으로 무엇이 가깝고 무엇이 먼지 아직 불분명하다. 학문은 감정에 흔들려서는 안 된다. 지금까지 우리 학문은 일본을 평가하려고만 들었지, 분석하려고 하지 않았다. 더욱이 일본을 알아나가는 행위는 운명적으로 우리를 이해하는 길과 맞닿아 있다. 그것이 백제 멸망 이후 바다를 넘어간 도래민족의 찬란한 문화, 조선통신사가 전한 선진 중국의 문물과 같은 자랑스러운 기억이든, 혹은 임진왜란, 정유재란, 식민통치로 이어지는 아픈 상처이든 일본과 한국은 떼어놓을 수 없는 적이자 동지이다.

    그런 가운데 근대는 바로 그 질서를 뒤엎는 혁명적인 시기였다. 메이지유신을 통해 서구의 기술과 문물을 받아들인 일본은 동양의 근대화에서 하나의 본보기로 여겨졌으며, 그들 또한 자신들의 기준을 동양에 강제적으로 이식시켰다. 근대는 한 마디로 엄청난 높이, 놀라운 규모, 그리고 무서운 속도로 우리들에게 다가왔으며, 지금까지 경험하지 못한 공포와 함께 강한 매력을 선물하였다.

    '일본 근대 스펙트럼'은 일본이 수용한 근대의 원형, 그리고 그것이 일본에 뿌리내리기까지 어떤 과정을 거쳐 변모했는지를 살피고자 한다. 특히 백화

점, 박람회, 운동회, 철도와 여행 등 일련의 작업을 통해 근대 초기, 일본 사회를 충격과 흥분으로 몰아넣은 실상들을 하나하나 캐내고자 한다. 왜냐하면 우린 아직 일본의 학문과 문화 등 전반적인 면에서 높이, 규모, 속도를 정확히 측정한 적이 없기 때문이다. 다행히 '근대 일본의 스펙트럼' 시리즈에서 소개하는 책들은 현재 일본 학계를 이끄는 대표적인 저서들로 전체를 가늠하는 데 큰 힘이 될 것이다.

물론 이번 시리즈를 통해 우리가 얻고자 하는 결실은 일본 근대의 이해만이 아니다. 이번 작업을 통해 우리는 우리 근대사회의 일상을 잴 수 있는 도구를 얻을 수 있을 것이다. 식민지 조선사회를 형성하였던 근대의 맹아, 근대의 유혹과 반응, 그리고 그 근대의 변모들을 거대 담론으로만 재단한다면 근대의 본질을 놓치고 말 것이다. 근대는 일상의 승리였으며, 인간 본위의 욕망이 분출된 시기였기 때문이다. 안타깝게도 우리는 근대사회의 조각들마저 잃어버렸거나 무시하여 왔다. 이제 이번 시리즈로 비록 모자라고 조각난 기억들과 자료들이지만, 이들을 어떻게 맞춰나가야 할지 그 지혜를 엿보는 것도 유익할 것이다.

기획자가 백화점, 박람회, 운동회, 일본의 군대, 철도와 여행 등을 시리즈로 묶은 이유는 이들 주제가 근대의 본질, 일상의 면모, 욕망의 현주소를 보여주는 구체적인 예라고 생각했기 때문이다. 수많은 상품을 한자리에 모아서 진열하고 파는 욕망의 궁전, 그리고 새로운 가치와 꿈을 주입하던 박람회는 말 그대로 '널리 보는' 행위가 중심이다. 전통적인 몸의 쓰임새와는 전혀 다른 새로운 움직임을 보여주었다는 점에서 운동회와 여행은 근대적 신체가 어떻게 만들어졌으며, 근대적 신체에 무엇이 요구되었는지를 살피는 계기가 될 수 있을 것이다. 이런저런 의미에서 근대를 한마디로 '보기'와 '움직이기'의 시대라고 할 수도 있겠다.

　'일본 근대 스펙트럼'은 바로 근대라는 빛이 일본사회 속에서 어떤 다양한 색깔을 띠면서 전개되었는지를 살피는 작업이다. 또한 그 다양성이야말로 당대를 살아가던 사람들의 고민이자 기쁨이고 삶이었음을 증명해보이고자 한다. 그리고 궁극적으로는 한국사회의 근대 실상을 다양한 스펙트럼으로 조명되고, 입증하는 계기가 되었으면 좋겠다.

기획위원회

옮긴이의 말

　최근 음란물 유포 혐의로 한국사회에 적지 않은 파문을 일으켰던 두 가지 사건으로 이야기를 시작해보고자 한다.

　사건 하나, 모 고등학교 미술 교사가 학교 홈페이지에 음란물(부부 알몸 사진과 남녀 성기 등이 노출된 사진)을 게재해 파문을 일으켜 정직 3개월의 징계를 받은 사건.
　사건 둘, 모 대학의 교수이자 현 방송통신심의위원회 심의위원이 자신의 블로그에 음란물(남성 성기 사진 7장과 벌거벗은 남성의 뒷모습 사진 1장)을 올려 기소된 사건.

　이 두 사건은 모두 외설이냐 예술이냐, 외설이라면 표현의 자유가 어디까지 허용되는가 하는 문제에 초점이 놓여 있다. 그리고 그에 대한 해석은 논자에 따라 제각각이다. 법의 잣대도 모호하다. 첫 번째 사건은 1, 2심에서 무죄를 선고 받았으나 원심을 깨고 벌금형이 확정되었고, 두 번째 사건은 벌금형의 1심을 깨고 항소심에서 무죄가 선고되었다. 이는 우리 사회의 성적 도의관념에 반하는 호색적 흥미를 자극하는 음란물로 규정한 1심의 판결과 상반된 것이었다. 외설이냐 예술이냐를 둘러싼 논란은 차치하더라도, 이 상반된 판결에서 역자는 우리 사회가 오랜 세월 터부시해온 신체와 섹슈얼리티를 둘러싼 규격화된 담론의 진부한 지형을 다시 한 번 확인할 수 있었다. 그것은 한국사회 속에 여전히 견고하게 뿌리 내린 육체와 정신의 이분법, 그리고 이에 근거한 정신적 측면의 우위성에 다름 아니다.

그런데 이는 한국사회, 그것도 현대에만 적용되는 특수한 상황은 아닐 터이다. 가까운 일본만 하더라도 유교적 사고가 아직 뿌리 깊게 남아 있는 한국보다 성에 대한 표현이 훨씬 자유로울 것처럼 생각되지만(어떤 면에서는 퇴폐적이고 문란한), 실은 그 역사적 과정을 근세 에도江戸 시대로 거슬러 올라가 보면 그리 간단하게 답할 문제가 아니라는 것을 알게 될 것이다. 이 책의 저자 가와무라 구니미쓰川村邦光가 근대 일본인의 성에 대한 인식을 분석하기 위한 출발점으로 성의 왕국이라 할 만큼 성에 탐닉했던 에도인의 섹슈얼리티를 문제 삼은 이유도 바로 여기에 있다.

이 책은 가와무라 구니미쓰의 『섹슈얼리티의 근대セクシュアリティの近代』 (講談社選書メチエ, 1995: 개정판은 『성가족의 탄생性家族の誕生』, ちくま学芸文庫, 2004)를 완역한 것이다. 저자는 오랫동안 여성사, 특히 여성의 근대와 섹슈얼리티 문제에 천착해왔다. 이 책에 앞서 간행된 『처녀의 기도— 근대 여성 이미지의 탄생オトメの祈り-近代女性イメージの誕生』(紀伊國屋書店, 1993), 『처녀의 신체— 여자의 근대와 섹슈얼리티オトメの身体-女の近代とセクシュアリティ』(紀伊國屋書店, 1994) 등에서는 타이틀에서도 알 수 있듯이 '근대'라는 시공간 안에서 여성의 이미지와 섹슈얼리티가 어떻게 형성・변용

되었는지를 문제 삼고 있다. 연구방법론의 면에서도 이론적인 접근보다는 동시대의 신문·잡지 미디어를 적극 활용하여 생동감 있게 재현하고 있다. 이 책은 그간의 연구 주제나 방법론과 상통하나 연구대상을 보다 폭넓게 상정한 점에서 기존의 연구와 변별된다. 그동안 주로 여성의 섹슈얼리티 문제를 다루었다면 이 책에서는 남녀 모두의 섹슈얼리티를 문제 삼고 있다. 성이 하나의 지식으로 담론화되는 과정과 그것이 어떻게 여성 혹은 남성의 섹슈얼리티를 구성하며, 어떤 사회적 의미를 생산했는지, 에도江戸 후기부터 쇼와昭和 초기(19세기 중반부터 20세기 초)에 걸쳐 간행된 다양한 종류의 성과학서, 문학 텍스트, 신문·잡지 기사, 광고를 넘나들며 분석한다. 책의 생동감은 바로 여기에서 나온다.

이 책은 전체 6장으로 구성되어 있으며, 저자의 논점을 정리하면 다음과 같다.

1장 색정의 윤리학에서는 근세의 '성性' 문화를 '색色'의 문화로 규정하고 그 전체적인 모습을 조망하고 있다. 두 장의 흥미로운 니시키錦絵에 대한 해석을 시작으로 가이바라 에키켄貝原益軒의 『양생훈養生訓』(1713) 등 에도 후기에 간행된 다양한 종류의 양생서를 섭렵하며 남녀노소를 불문하고 '호색好色'을 즐기고 '색정色情'을 발산하였던 정황을 추적한다. 이를테면 지극히 사적인 영역의 성생활을 낱낱이 기록한 것으로 유명한 고바야시 잇사小林一茶, 남성 중심의 성담론이 지배적이던 시대에 여성의 '색정'을 인정하고 여성에게도 '색도色道'와 '호색'을 권하였던 가이마라 헤키켄開莖庸軒, 에도 민중의 실생활을 바탕으로 '색정'과 '호색'을 사상적 과제로 승화시켜간 마스호 잔코增穂残口 등의 예에서 저자는 에도 시대를 화려하게 수놓았던 '색'

문화의 미세한 행간을 읽어 낸다.

2장 문명개화의 섹슈얼로지에서는 문명개화와 함께 물밀듯 밀려들었던 서양 성과학서의 영향으로 에도 시대에는 볼 수 없었던 새로운 형태의 섹슈얼로지 사상事相을 다루고 있다. 저자는 이를 '문명개화의 섹슈얼로지'라 명명하고, 근세에 유행한 양생론이 근대에 이르러 서양의 섹슈얼로지와 결합하거나 압도해나가는 과정을 분석한다. 임신한 여성의 자궁을 묘사한 니시키에라든가 역시 임신한 여성의 자궁을 소재로 한 아사쿠사浅草에 세워진 높이 9미터가 넘는 거대한 인형은 서양 산부인과 의학과 근세 양생론이 결합하여 빚어낸 근대 일본 특유의 섹슈얼리티 단층을 여실히 보여주는 사례라 할 수 있을 것이다. 이 외에도 메이지 전 시대에 걸쳐 널리 애독되었던 『통속조화기론通俗造化機論』(1876) 등, 서양으로부터 유입된 성과학서의 영향으로 남녀의 섹슈얼리티=‘성기’라는 인식이 근대 일본인뿐만 아니라 오늘날의 일본인들의 사상적 규범으로 자리 잡게 되었다고 저자는 말한다. 특히 여성의 신체, 그 중에서도 ‘자궁’이 과학적 담론과 결합하면서 성적 쾌락을 부정하고 오로지 ‘출산’과 ‘병(히스테리)’의 상징으로만 수렴되어간 정황을 흥미롭게 파헤치고 있다.

3장 성욕의 시대에서는 1910~20년대에 활발하게 논의되었던 섹슈얼리티를 둘러싼 담론 가운데 ‘성욕’이라는 키워드에 주목한다. 이 무렵이 되면 성이나 생식이 자연의 섭리로서 당연시 되던 근세의 논리를 더 이상 찾아볼 수 없게 된다. 왜냐하면 남녀의 섹슈얼리티 내지는 성욕이 위생이나 건강의 문제가 아닌 사회와 가족, 가정 내 윤리 문제로 여겨지게 되었기 때문이다. 그런데 문제는 윤리와 도덕이라는 그릇 안에 담아내기엔 섹슈얼리티 현상이 너무나 과도하게 흘러넘치고 있었다는 사실이다. 저자는 이 이율배반적인 현상을 '성性 가족'과 '성聖 가족'이라는 기발한 표현으로 풀어낸다. 나아가 다야마 가타이田山花袋로 대표되는 자연주의 문학(=성욕의 문학화)과 자연주의를 몸소 체현한다는 의미의 이른바 '데바카메주의出歯亀主義'(=성욕의 사회화)가 '성욕'이라는 동일한 회로와 장치를 통해 국민국가로 수렴되어 가는 일본 특유의 상황도 확인할 수 있을 것이다.

4장 성性 가족의 초상에서는 정조, 처녀성과 성욕이 첨예하게 충돌하는 가운데 여성의 성욕이 완전히 거세되어 버리는 과정을 추적한다. 저자는 이름도 수상쩍은 '성욕학자'의 '성욕학'이 붐을 이룬 가운데 여성의 순결과 정조 이데올로기가 전에 없이 견고해진 정황을 동시대 여성지 기사를 통해 사실적으로 재현한다. 이를테면 이 시기에 빈발한 다양한 케이스의 '능욕 사건'과 이에 대처하는 방식을 여성과 남성, 그리고 그것을 상담하는 역할의 지식인(남성)의 세 층위로 나누어 살펴보고 있다. 흥미로웠던 것은 여성과는 또 다른 측면에서 남성들도 성, 성욕으로 인한 고민이 끊이지 않았다는 지적이다. 즉 남자라면 성욕이 왕성해야 한다는 '남자다움'에 집착하여 오히려 성교 불능이라는 신경쇠약을 초래한다는 이른바 '섹슈얼리티의 병'이 등장하게 된 것이다. 남녀 모두가 자신의 성, 성욕에 과도하게 집착하고 이를 병으로 치부하여 '성욕학' 전문가에게 상담을 의뢰하는 현상은 근대 이후 그것도 1920년대 섹슈얼리티 담론이 갖는 특징이라 말할 수 있을 것이다.

5장 남자다움과 여자다움의 신화에서는 4장에서 언급한 '남자다움'과 '여자다움'의 신화를 보다 구체적으로 해부한다. 저자는 이른바 '통속 여성 의학서'에 해당하는 『딸과 아내와 어머니의 위생독본娘と妻と母の衛生読本』(1937)을 주요 텍스트로 삼아, 남녀의 섹슈얼리티가 미디어의 욕망과 어떻

게 교합하고, 나아가 균질한 성지식으로 보급되어 갔는지 분석한다. 그 결과 남녀의 섹슈얼리티는 신체와 더 없이 밀착되고, 여기에 의학적 지식이 결합되면서 여자는 '여자다움의 병'(=자궁신화), 남자는 '남자다움의 병'(=남근신화)을 증산시켜 나갔다고 말한다.

6장 전쟁과 모성애의 시대에서는 5장에서 언급한 '자궁신화'와 '남근신화'가 중일전쟁(1937)을 계기로 과도하게 강조되고 병적으로 비대해져 가는 상황을 분석한다. 이를테면 '남자다움'은 남근을 상징하는 '부성'으로, '여자다움'은 자궁을 상징하는 '모성'으로 승화되어, 결과적으로 근대 국민국가를 지탱하는 기반이 되었음을 비판적으로 조망한다. 사실 6장의 논의는 여타 장들과 논점이 다소 동떨어져 보인다. 그리고 주제 면에서도 신선하지 못하다. 이러한 논점은 이미 와카쿠와 미도리若桑みどり의 『전쟁이 만들어낸 여성상戦争がつくる女性像』(筑摩書房, 1995: 한국어 번역서는 손지연 옮김, 소명, 2011)에서 충분히 논의된 바 있다. 분명 저자의 주장대로 이 시기 여성의 섹슈얼리티가 '어머니'라는 획일적이고 강렬한 '모성성'으로 수렴되어가는 성향이 그 어느 시기보다 강했던 것은 부정할 수 없으나, 그것이 철저히 전쟁을 수행하는 측 내지는 국가 미디어의 논리에 의해 '만들어진 것'이라는 점을 간과해서는 안 될 것이다. 저자가 분석 텍스트로 삼은 『주부의 벗主婦の友』은 그 대표적인 예라 할 수 있다. 그 보다는 오히려 근대 국민국가가 지향하는 '모성'이란 포위망에 미처 포섭되지 않은 '불순'하거나 '음란'한 남녀의 섹슈얼리티를 보다 다양한 '통속적'인 미디어를 대상으로 추출하는 편이 훨씬 좋았으리라는 생각을 해본다. 그럼에도 불구하고 이 책의 매력은 색, 색정으로 대표되는 근세 민중 레벨의 '색' 문화에 이은 근대인의 생동감 있는 섹슈얼리티 문화를 다양한 각도에서 조망하고 있는 점에 있을 것이다.

이 책이 간행될 무렵 일본에서는 제2차 세계대전 시 여성의 전쟁협력에 대한 의미 있는 연구가 여성학자들에 의해 나오기 시작하였다. 앞서 언급한 와카쿠와 미도리의 『전쟁이 만들어낸 여성상』(筑摩書房, 1995)을 비롯해 가노 미키요加納実紀代의 『여자들의 '총후'女たちの〈銃後〉』(筑摩書房, 1987), 『천황제와 젠더天皇制とジェンダー』(インパクト出版会, 2002), 우에노 치즈코上野千鶴子의 『내셔널리즘과 젠더ナショナリズムとジェンダー』(青土社, 1998) 등은 그 대표적인 연구성과라 할 수 있다. 저자 가와무라 구니미쓰 역시 천황제라든가 국민국가와 같은 획일화된 공동체 사상을 해체하는 작업을 젠더적 관점에서 꾸준히 시도해오고 있는 연구자라는 점에서 이들과 어깨를 나란히 한다. 최근 한국에 번역되어 소개된 『성전의 아이코노그래피― 천황과 병사, 그리고 전사자의 초상과 표상聖戦のイコノグラフィー 天皇と兵士・戦死者の図像・表象』(青弓社, 2007: 한국어 번역서는 송완범・신현승・전성곤 옮김, 제이앤씨, 2009)에는 저자의 그러한 인식이 잘 드러나 있다. 이 책은 이들 연구서와 달리 조금은 가벼운 마음으로 읽어 나갈 수 있을 것이다. 그리고 저자가 기술하는 근세에 이은 근대 섹슈얼리티의 흐름을 따라가다 보면 어느덧 너무나 리얼한 현대 일본의 성문화 현상과 마주하고 있는 자신을 발견하게 될 것이다.

이 책이 출판되어 나오기까지는 논형의 소재두 대표님의 배려와 격려의 힘이 컸다. 지금은 '근대'와 '섹슈얼리티'라는 주제가 조금 진부해진 감이 없지 않지만, 역자의 선택을 믿고 흔쾌히 번역을 맡겨주신 호의에 감사드린다. 또한 번역을 쾌락해주신 가와무라 구니미쓰 교수에게도 감사의 마음을 전한다. 마지막으로 이 책을 통해 독자들이 논형 기획 '일본 근대 스펙트럼' 시리즈의 다양성을 확보하는 데 조금이라도 보탬이 된다면 더 없이 기쁠 것이다.

2012년 12월

손지연

섹슈얼리티의 근대

Sexuality

일러두기

1. 단행본이나 학술지, 잡지의 경우 『 』로, 개별 글 및 삽화, 그림은 「 」로 표기하였다.

2. 일본어의 한국어 표기는 문교부(현재 문화체육관광부)의 「외래어 표기법」
   (문교부 고시 제85호 −11호, 1986년 1월)을 따랐다.

3. 역주는 각주로, 원주는 후주로 표기하였다.

4. 본문의 이해를 돕기 위해 원저에 수록되지 않은 사진과 그림을 가능한 많이 수록하였다.

기타무라 도코쿠 처녀를 논하다

처녀란 무엇인가?

기타무라 도코쿠北村透谷, 1868-1894는 25세라는 젊은 나이에 자살로 생을 마감한 근대 일본을 대표하는 시인이다. 그는 장편시『초수의 시楚囚之詩』와 극시『봉래곡蓬萊曲』을 비롯하여 평론「세상과 관계한다는 것의 의미는 무엇일까人生に相渡るとは何の謂ぞ」,「내부생명론内部生命論」등을 저술하였다. 이 가운데「처녀의 순결을 논하다処女の純潔を論ず」라는 다소 낯 뜨거운 제목의 평론이 있다. 여기서 도코쿠는 처녀의 순결을 이렇게 말하고 있다.

불행하게도 우리 문학의 선조들은 처녀의 순결을 숭상할줄 몰랐다. 도쿠가와德川 시대의 게사쿠戱作[1] 작가는 물론이거니와 옛 가인들이나 그 영묘하다는 염세 사상가들조차도 처녀의 순결을 숭상하는 데에 이르지 못하였다. (중략) 아아, 우리 문학계에 처녀의 순결 앞에 엄숙히 예를 갖출만한 작가를 바라는 것은 무리일까? 무릇 고상한 연애의 원천은 물들지 않고 때 묻지 않은 순결이라 하였다. 순결에서 연애로 진행해 갈 때 반드시 거쳐야 할 순서가 있는 법이다. 그러나 처음부터 순결이 없는 연애는 포효하는 늑대의 육욕肉慾에 불과하며 아무런 가치도 없고 아무런 미관美觀도 없을 것이다.

---

1) 에도 시대 후기에 성행한 통속 오락소설을 일컬음(역주).

그렇다면 '처녀'를 어떻게 정의할 것인가? 지금은 그 의미가 매우 애매하다. 아니 거의 관심이 없다고 하는 표현이 옳을 것이다. 아마도 도코쿠가 살아간 19세기 말에도 '처녀'에 대해 고민한 사람은 그리 많지 않았던 듯하다. 아직 성경험이 없는 여성 혹은 처녀라는 범주는 있었을지 모르지만 '순결'이라는 개념이 명확하지는 않았을 것이다. 그런데 도코쿠는 아무런 거리낌 없이 '처녀의 순결'이라는 말을 표제어로 내세웠다. 그는 '처녀의 순결'은 '연애'와 불가분의 관계에 있다고 주장한다. 또한 순결이 없는 연애는 고상하지 않으며 단순한 '육욕'에 불과하다고도 말한다. 도코쿠는 오로지 '육욕' 묘사에만 치중하여 '처녀의 순결'에 무지했던 당대 문학계를 한탄하였다.

가치로서의 순결

도코쿠는 다키자와 바킹滝沢馬琴, 1767-1848의 『난소사토미핫켄덴南総里見八

犬伝』(〈그림 1〉)의 여주인공 후세히메伏姫에게서 '처녀의 순결'을 발견한다. 그는 "아귀축생의 욕정과 싸우는 영묘한 인간의 순결"이라며 후세히메의 순결을 상찬하며, 순결과 욕정, 순결한 연애와 순결하지 않은 연애를 극명하게 대치시킨다. 이것은 영과 육의 대립을 의미하며 이 가운데 육은 부정해야 할 것으로 규정한다. 그런데 육을 부정하는 것은 "아귀축생의 욕정"을

〈그림 1〉 『난소사토미핫켄덴』

겸비한 인간, 특히 남자에게는 매우 어려운 일이어서 영과 육의 갈등이 일어나는 것이라고 말한다. 종종 문학이나 사회윤리의 테마가 되는 것도 그 때문이다. 도코쿠는 이러한 흐름을 누구보다 빠르게 인지한 작가라고 할 수 있다. 도코쿠는 '처녀의 순결'을 다음과 같이 찬미한다.

> 이 세상에는 애호할만한 것이 많다. 그 가운데 으뜸은 처녀의 순결이 아닐까 한다. 만약 황금, 유리, 진주를 숭상한다고 하면 처녀의 순결은 인간세계의 황금, 유리, 진주다. 만약 인생을 더럽고 탁하고 불결한 땅이라고 한다면 처녀의 순결은 밝은 등불이다. 만약 세상이 가시밭길이라고 한다면 처녀의 순결은 해악이 없는 가시밭에 핀 백합이다. 인간이 가진 모든 언어를 동원해 내가 애호하는 것을 상찬한다고 하더라도 인간의 언어로는 이 보배를 다 형용할 수 없을 것이다. 아아, 인생을 혐오하건 혐오하지 않건 그 누구라도 처녀의 순결과 마주한다면 더없이 기쁠 것이다.

당시 처녀성이라든가 순결은 결코 중요한 개념이 아니었다. 그러던 것이 어떻게해서 가치를 갖게 되었을까? 왜 연애에 순결한 것과 순결하지 않은 것을 구별하게 되었을까? 지금까지 지극히 당연하게 여겨온 '육욕'은 왜 무가치한 것으로 밀려나게 되었을까? 왜 '처녀'에게 '순결'을 요구하게 되었을까? 그것은 과연 남자들이 멋대로 만들어낸 명분에 불과한 것일까? 순결이나 연애를 말할 때 왜 '욕정'이 거론되었을까? 추측컨대 처음부터 도코쿠의 사상이 받아들여진 것은 아니었을 게다. 그러나 얼마 되지 않아 그의 사상은 동시대인을 지배하게 되고 그의 영향력은 아직까지 일본사회에 뿌리 깊게 남아 있다. 그것은 신체적 영역을 초월하여 도코쿠가 '처녀의 순결'에 갈구했던 정신적 영역과 영적 영역에까지 위력을 미치고 있다.

최근 에이즈 문제가 사회문제로 대두되면서 성교육의 필요성과 함께 백 년 전 이야기가 다시 등장하고 있다. 또한 1960년대 초반에 유행하였던 '순결'이나

'순애'라는 말이 신선한 반향을 일으키며 부활하고 있다. 도코쿠의 시대처럼 '처녀의 순결' 운운하며 성적인 것이나 섹슈얼리티를 노골적으로 배제하지는 않지만 위험한 것 혹은 이질적인 것으로 기피하려는 경향은 뚜렷해 보인다.

근대가 낳은 섹슈얼리티

성적인 것이 범람하는 현상은 예나 지금이나 마찬가지다. 이러한 시대에 도코쿠는 '처녀의 순결'을 연애와 결부시켜 칭송하고 '욕정'이나 '육욕'을 열등한 것으로 치부하였다. 그것은 근대가 잉태한 산물이라 할 수 있다. 이미 잊혀져버린 근대가 낳은 섹슈얼리티와 그것을 지탱했던 담론을 미셸 푸코[2]의 논의를 통해 알아보자.

> 16세기 이래 성性담론은 제약을 받거나 그와 반대로 점차 증대하는 선동 메커니즘에 종속되기도 한다. 성에 대한 권력의 기술은 엄밀한 선별의 원칙에 따르는 것이 아니라 다양한 형태를 가진 성현상의 분산과 침투의 원칙에 따르게 된다. 지知를 향한 의지를 버리지 말며 금기시되는 것에 굴복하지 말아야 한다. 성현상의 과학을 성립시키기 위하여 비록 많은 오류가 있을지언정 열중하였던 것은 사실이다.

푸코가 분명하게 밝히고 있는 바와 같이, 근대의 '성의 억압'은 권력에 의해 지속적으로 통제되고 관리되어 왔음을 의미한다. 즉 권력의 다양한 형태를 띤 기술에 불과하며 '성의 억압'이 결코 특권적인 위치에 있는 것은 아니라는 것이다. 그것은 에도 시대의 여러 금령이나 오늘날의 성을 둘러싼 상황을 통해서도 알 수 있다.

---

2) M・フーコー, 『性の歴史 I 知への意志』, 渡辺守章 訳, 新潮社, 1986. 이 책의 한국어 번역으로는 『성의 역사1: 지식의 의지』(이규현 옮김), 『성의 역사2: 쾌락의 활용』(문경자 외 옮김), 『성의 역사3: 자기에의 배려』(이혜숙 옮김)가 있으며, 모두 2004년 나남에서 간행되었다.

에도 시대에는 남자가 여자의 침소에 몰래 숨어들어 정을 맺는 '요바이夜這い'라는 풍습이나, 마쿠라에枕繪, 春畵[3]와 에혼艶本, 春本[4]이 성행하고 유곽이 창궐했던 것으로 미루어 보아 성에 대해 상당히 관대했던 듯하다. 지금은 요바이 풍습은 사라졌지만 성에 대한 인식이 에도 시대보다 훨씬 뒤쳐져 있음을 목격할 것이다. 누드사진이 일반화되었다고는 하나 영화윤리위원회의 심의를 거쳐야 하고 성행위를 담은 사진이라든가 비디오는 아직 음지에 가려져 있다. 또 어디서 학습한 것인지 모르는 성도덕이 사람들의 마음을 규제하기도 한다. 즉 '성의 억압'이 적지 않게 건재하고 있다는 말이다.

억압과 해방이라는 개념이 동시에 존재했던 것은 '성'을 온전히 규제하지 못했기 때문이리라. 여기서 중요한 것은 '성'을 둘러싼 담론이 너무나 자연스럽게 회자되고 있다는 사실이다. 이렇듯 '성'을 자연스럽게 이야기하고 신체적이고 내면적인 것으로 받아들이기 시작한 것은 메이지 이후 '근대'부터라고 할 수 있다.

'성'의 담론화 속으로

'성'은 생물학적으로 구별되는 남/녀의 특질로 드러나기도 하고 사회문화적으로 구성된 남/녀의 특질 즉 젠더로 드러나기도 한다. 남자에게는 한 가정의 가장이나 군인 혹은 병사의 역할이 중시되었으며, 여자에게는 부덕婦德이라든가 여덕女德, 특히 현모양처주의가 강조되었다. 그러나 남/녀의 본분이 반드시 도덕적 교훈에 의해서만 규정된 것은 아닌 듯하다. 왜냐하면 교육이라면 에도 시대의 무사계층이나 서민층에서도 이루어졌기 때문이다.

---

3) 남녀의 성행위를 묘사한 그림(역주).
4) 남녀의 성행위를 그림이나 글로 표현한 것(역주).

메이지 시대에 이르면 남녀의 성적 욕망, 즉 성기와 성행위로 수렴되는 사상事象과 섹슈얼리티를 둘러싼 수많은 말들이 소비된다. 이러한 양상은 에도 시대에도 볼 수 있으나 이를 서술하는 방식은 크게 달랐다. 푸코의 말을 빌자면 "지知에 대한 의지" "성현상의 과학"을 구축하려는 의지가 오히려 성담론의 단절을 야기했다고 할 수 있다. 예컨대 도코쿠가 언급한 성정性情 혹은 색정이나 성욕이 그러하다.

이 책에서는 다양한 통속적 그림과 서적을 통해 남녀의 성기와 이와 관련된 병, 색기色氣ㆍ춘정春情, 색정色情, 성욕이 남녀의 섹슈얼리티를 어떻게 묘사하고 있는지 살펴보고자 한다. 주로 다루게 될 자료는 에도 시대의 니시키에錦絵,[5] 가이바라 에키켄貝原益軒의 『양생훈養生訓』, 지바 시게루千葉繁 번역의 『통속조화기론通俗造化機論』(〈그림 2〉), 오가타 마사키요緒方正清의

〈그림 2〉『통속조화기론』

『부인가정위생학婦人家庭衛生學』, 다야마 가타이田山花袋의 『이불蒲団』, 히로쓰 가즈오広津和郎의 『신경병 시대神経病時代』, 사와다 쥰지로沢田順次郎의 『성욕에 관해 청년 남녀에게 답하는 글性欲に関して青年男女に答ふる書』, 『주부의 벗主婦之友』특별부록인 『딸과 아내와 어머니의 위생독본娘と妻と母の衛生読本』, 『주부의 벗』 표지 및 권두화, 그 외 여성잡지에 게재된 광고기사 등이다. 시기적으로는 에도 후

---

5) 우키요에浮世絵 판화의 판版 양식으로 다색도多色度 목판화를 이름. 1765년 에도 시기 크게 유행한 에고요미絵暦 교환회交換会를 계기로 비약적으로 발전함(역주).

기부터 쇼와 초기에 걸친 19세기 중반부터 20세기 초까지 다루게 될 것이다. 색, 색정, 성욕을 키워드로 하여 성적욕망을 둘러싼 남/녀의 태도, 남/녀의 존재양상, 남/녀의 신체에 대한 감각이나 관념을 알아보도록 하겠다.

현대인의 성과 신체를 둘러싼 정황을 탐구하는 일은 우리의 성의식과 신체감각을 형성해온 근대적 요소들을 파악하는 데에서 시작되어야 한다. 그도 그럴 것이 1900년대부터 1920~1930년대에 걸친 20세기 초는 현대로 이어지는 기층이 형성되는 매우 중요한 시기에 해당하기 때문이다.

1장
색정의 윤리학

1. 꽃 피는 색의 문화

식食과 색色에 대한 관심

「음식양생감飮食養生鑑」(〈그림 1-1〉)과 「방사양생감房事養生鑑」(〈그림 1-3〉)
이라는 매우 흥미로운 두 장의 니시키에錦絵가 있다.[1] 1855년에 작성되었으
며 화가는 이치유사이 구니요시一勇齊國芳의 문인인 잇토사이 요시쓰나一登齊
芳綱이다. 그림에 대한 해설을 쓴 이는 게사이 에센溪齊英泉의 문인인 잇피쓰
안 에쥬一筆庵英壽이다. 이 안에는 19세기 중엽 에도 후기의 심신관心身觀, 인
간관人間觀, 병관病氣觀, 그리고 사고하는 법思考法이 잘 표현되어 있다. 전자
는 일본식 상투인 촌마게를 한 상인 분위기의 남자가 잔을 기울이며 즐기는
모습을 그리고 있으며, 후자는 유녀遊女 분위기의 여자가 머리빗과 비녀로
장식한 효고兵庫식 머리모양[2]을 하고 입에는 긴 담뱃대를 물고 있는 모습을

---

[1] 이 두 그림은 나카노 미사오中野操 편 『니시키에 의학 민속지錦絵醫學民俗志』에 수록되어
있음.
[2] 에도 초기부터 중기까지 유행한 머리모양으로, 머리를 위쪽으로 높이 올려 묶고 그 끝을 둥
글게 말아 비녀와 머리빗으로 장식함. 효고 지방 유녀들 사이에서 시작되었다 해서 '효고마게
兵庫髷'라 불림(역주).

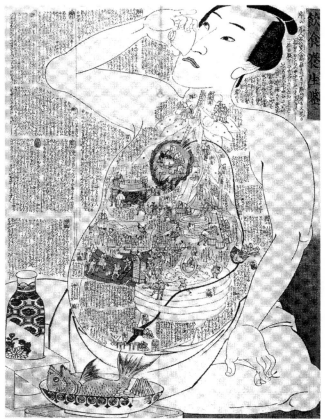

〈그림 1-1〉「음식양생감」

묘사하고 있다. 이 두 그림 모두 당대 남녀의 모습을 포착한 걸작으로, 남자
와 여자의 흉부와 복부를 개복하여 장기의 움직임을 생생하게 묘사하고 있
다. 그림의 테마는 양생養生이며, 과도한 음식飲食과 방사房事에 대한 경고가
상세하게 기술되어 있다.

　한 가지 특이한 것은 오늘날 어렵지 않게 볼 수 있는 두개골 해부는 묘사
되어 있지 않다는 점이다. 왜냐하면 두뇌가 사고를 담당한다고 여기지 않았
기 때문이다. 「음식양생감」에는 "몸 안의 것을 결정하고 먹는 것부터 마시

는 것 그리고 지혜와 기지에 이르기까지 담膽이 담당하지 않는 곳이 없다"고 하여 '담'을 사고의 중추로 여겼다. 또한 마음을 움직이는 중추로 '신장'을 꼽았으며, 마음의 장기라고 불리던 '심장'은 인간의 생명을 지키는 중추이자 피를 양성하여 신장, 간, 위에 혈액을 공급하는 기관이자 인간의 정신이 머무는 곳이라고 여겼다.

그렇다면 왜 양생의 초점이 음식과 방사에 놓이게 되었을까? 그 원인으로는 에도 시대에는 식생활의 발달과 함께 공인된 유곽과 공인 받지 않은 유곽 오카바쇼岡場所[3]가 비약적으로 늘어나면서 양생이 크게 유행한 것을 들 수 있다. 이것은 오늘날의 건강에 대한 관심과는 다르다. 그들은 신체만 주목하지 않고 무엇보다 '정精'이라든가 '생기生氣'를 중요시 했다.

가이바라 에키켄貝原益軒의 양생론

이 시기 다양한 종류의 양생서가 출판되었는데 그 가운데 가이바라 에키

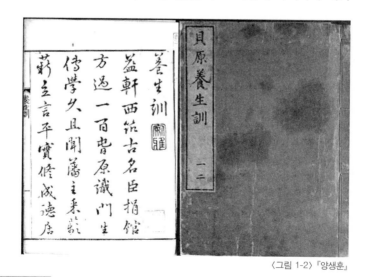

〈그림 1-2〉『양생훈』

---

3) 에도 시대에 성행한 요시와라吉原 이외의 사창가를 통틀어 말함(역주).

켄의 『양생훈養生訓』(〈그림 1-2〉)은 그 대표적인 책이라고 할 수 있다. 가이바라 에키켄은 "자신의 귀중한 신명身命을 소중히 여기지 않고 음식과 색욕을 무절제하게 소비하여 건강을 해치거나 타고난 수명을 단축시켜 신명을 빨리 잃는 것은 부모에 대한 가장 큰 불효이며 어리석은 일"이라고 말하며 음식과 방사를 양생의 2대 테마로 삼았다.

에키켄에 따르면 양생이라는 것은 "타고난 수명을 지키는 길", 즉 타고난 수명을 끝까지 다하기 위한 길이라고 한다. 요컨대 음식과 색욕을 멀리하여 무병장수하기 위한 방법이다. 이것은 단순히 심신의 자기관리를 의미하는 것은 아니다. 이 안에는 그 시대의 사상과 유교 이데올로기가 내포되어 있다. "부모를 섬기는 데에 힘을 다하고, 임금을 모시는 데에 충성을 다하며, 아침 일찍 기상하고 늦게 자지 말며, 사민士農工商 모두 집안일에 게을리 하지 말라"는 것이 양생법의 근간이었다. 장수는 부모에 대한 효이자 군주에 대한 충으로, 효행과 충군, 충효를 양생의 근본요건으로 보았다. 그런데 이것은 봉건적 신분질서와 사상을 그대로 따른 것에 불과했다. 에키켄은 서민사회로 시야를 넓혀 그들의 신체에 주목했다. 에키켄은 "사민 개개인이 가업에 충실한 것이 곧 양생의 길"이라고 규정하고 사민이 각자의 가업을 유지하는 데에 주안점을 두었다. 즉 일상생활에 근본을 둔 것이다. "오로지 내 몸을 소중히 여겨 목숨을 유지하는 데에 전념하라"는 말처럼 각자가 가업을 충실히 이행하는 가운데 "양생을 즐기는 사람"을 양산하고자 했다. 그런데 이것은 어디까지나 태평무사한 시대에나 통용되는 말일 것이다. 본초학本草學, 藥草學에 정통했던 에키켄은 일상생활에서 가장 기본이 되는 욕구라 할 수 있는 먹고 마시는 법에 중점을 두었고 방사는 부차적인 것으로 치부하였다. 『양생훈』을 집필한 시기가 에키켄의 나이 84세라는 고령이라는 점을 감안

하면 그럴 법하다. 그러나 에키켄 자신은 아직 시력이 쇠하지 않아 깨알 같은 글도 읽거나 쓸 수 있고, 치아도 하나도 빠지지 않았다며 곳곳에서 젊음을 과시한다. 어쨌든 "나이 60이 넘어 욕념欲念이 생긴다면 참고 배설하지 말지어다"라는 에키켄의 발언은 "교접을 하되 사정은 절제하라"는 중국 고전 의서『천금요방千金要方』의 가르침을 그대로 따른 듯하며,「늙어 간다는 것老を養う」이라는 제목의 글에도 방사에 관한 언급은 단 한 줄도 없다.

「참다운 색욕慎色欲」이라는 제목의 글에서는 앞서의『천금요방』을 인용하여 연령별로 꼭 지켜야 할 남녀의 성교 횟수를 기록하고 있다. 예컨대 20세에는 4일에 한 번, 30세에는 8일에 한 번, 40세에는 16일에 한 번, 50세에는 20일에 한 번이 적당하다고 말한다. 아울러 60세에는 안 하는 것만큼 좋은 것은 없으나 체력이 왕성하다면 한 달에 한 번이 적당하다고 말한다. 그러나 "20세 이전의 젊은이는 혈기왕성하나 아직 견고하지 못하여 욕정을 참지 못하고 빈번히 배설하면 발생의 기를 상하게 하여 일생의 근본이 약해진다"며 가능한 억제하도록 권하고 있다.

적당함을 유지하면 병이 없다

젊은이들에게 색욕을 절제하라고 아무리 충고해도 소용없는 것은 예나 지금이나 마찬가지다. 에키켄은 "어린 나이부터 남녀관계에 욕심이 많고, 정기를 많이 발설한 사람은 아무리 선천적으로 왕성한 사람이라 할지라도 하부의 원기가 쇠해지고 오장의 근본이 약해져 단명하게 된다"고 경고하고, "색욕에 마음을 빼앗기면 나쁜 습관이 되어 예외 없이 몸을 버리게 된다. 결국 건강을 잃게 된다. 삼가고 조심히 행동해야 한다"고 권고하였다. 그러나 에키켄의 노력에도 불구하고 젊은이들의 '나쁜 습관'은 고쳐지지 않았다.

에키켄은 20세 이전의 젊은이들의 절욕과 금욕을 전파하는데 노력했지만 색욕 자체를 부정하지는 않았다. '나쁜 습관'을 경고하는 한편, 색욕은 결코 죄나 악마의 유혹이 아니라 남녀의 즐거움이자 자연의 법칙이라고 시인한다. 즉 색욕에 대한 죄책감을 갖기보다 도학道學 선생의 입장에서 무엇이든 과도한 것은 경고하고 절제를 권하고 해악을 호소하였던 것이다. 무엇보다 과도한 음식과 방사를 절제할 것을 강조하였다.

> 과도한 방사와 음식飮食은 무엇보다도 건강을 위협하고 병을 키운다. 음식은 비장 (또는 위)을 해치고 방사는 신장을 해친다. 신장은 오장의 근본이며 비장은 자양의 원천이고, 방사와 음식은 양생론의 요점이다. 장수의 비결은 식과 색에 대한 욕구를 줄이고 심기를 평안하게 하며, 모든 일을 항상 조심하여 삼가고 물질에 의한 망가짐이 없다면 혈기는 저절로 조화를 이루게 되어 자연스레 병이 생기지 않는다.

에키켄은 방사를 단순히 자손번식을 위한 수단으로 보지 않았다. 그렇다고 색욕의 무절제한 발산을 용인한 것도 아니었다. 무엇보다도 "신장을 건강하게 하는 것"이 중요하며, "정기를 지키고 아끼며 신장의 기운을 다스려 기가 흔들리지 않도록 하는 것"이 가장 중요하다고 보았다. 예컨대 40세 이상이더라도 정욕을 참지 못한다면 "교접하되 정기를 발산시키지 말 것"을 권하고 있다. 다시 말해 "정기를 보존하고 발산하지 않는 것", 이른바 "교접하되 기를 누설하지 않는 것"이 신장의 에너지를 낭비하지 않는 방중술房中術의 비법이라고 강조한다.

출산의 그릇産む器과 쾌락의 그릇快楽の器

신장은 생명의 정수인 신수腎水 즉 정액을 제조한다. 그러나 방사로 인해 신수를 낭비하여 신장의 기가 허해지면 몸의 근본이 쇠한다고 말한다. 즉

<그림 1-3> 「방사양생감」

신허腎虚[4]를 초래하게 된다는 것이다. 당시 신허는 죽음에 이르는 병이었다. 따라서 병에 걸리지 않도록 수양하는 것이 양생론의 가장 큰 목표였다.

「음식양생감」에는 정신이 머무는 곳인 신장에 대해 "음란한 행위를 일삼는 자는 몸이 쉽게 쇠약해 진다는 사실을 알아야 한다. 이러한 경각심 없이는 건강할 수 없다"며 과도한 방사를 경고한다. 또한 「방사양생감」(〈그림 1-3〉) 첫

---

4) (한방에서) 과도한 방사로 정액이 고갈되어 일어나는 증상(역주).

머리에 "대개 사람의 무병장수는 음식과 무분별한 방사와 관련이 있다. (중략) 이 그림의 여자뿐 아니라 남녀 모두 방사로 인해 유병단명有病短命하는 사람이 많다. 따라서 남자의 그림(「음식양생감」을 말함—저자주)에 무분별한 방사를 즐기는 자에 대한 마음가짐을 제시한 것"이라고 기술하고 있다.

니시키에가 색色을 상품화하고 과도한 방사로 인해 아이를 낳으리라는 보장이 없는 유녀遊女를 여성대표로 내세운 것은 역설적이다. 당시 방사는 부부보다는 남자들과 유흥의 대상인 유녀들 사이에 존재하는 경우가 많았다.

월경혈이 자궁 안으로 흘러들어가는 유녀의 하복부를 묘사하며 "남자와 달리 매월 7일 간의 번거로움을 겪는데 이것이 바로 죄의 깊이"라는 해석을 덧붙여 월경혈의 불결함과 월경에 대한 부정적 시선을 노출하고 있다.

자궁 왼쪽 아랫부분에는 노파와 젊은 처자가 대화하는 모습이 묘사되어 있다. 노파가 말하기를, "적당히 절제할 줄도 알아야해. 왜냐하면 출산의 경험이 있는 여자들은 교접 시 쾌감을 느끼거든. 그런데 우리처럼 나이가 들면 그것도 거추장스러워. 장국도 가끔 먹어야 맛있는 법이지."

과도한 방사를 삼가고 절제=섭생攝生에 힘쓸 것을 처자에게 당부하고 있는 것이다. 가임기 여성은 교접 시 상당한 쾌락을 느낀다고도 말한다. 자궁은 출산과 심신의 쾌락과 관련이 있다는 말이다. 다시 말해 여성의 신체는 '출산의 그릇'과 '쾌락의 그릇'으로 여겨지고 있는 것이다.

자궁의 오른쪽은 나팔관, 왼쪽은 난소라는 글도 보인다. 열두 겹의 옷을 입은 궁녀 한 명이 "정자는 적당히 받았으니 이제 안심입니다"라는 말을 건네고 있다. 여기서 나팔관이나 난소라는 명칭은 중국의학이 아니라 서양의학서 『해체신서解體新書』((그림 1-4))에서 따온 말인 듯하다. 그러나 「방사양

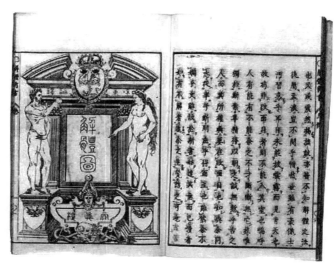

〈그림 1-4〉『해체신서』

생감」에서 절제만을 건강의 척도로 삼았던 것은 아니다. 적당한 정자와 난자를 내려 받는 것 즉 적절한 임신, 나아가 자손번식과 연결하여 자궁의 중요성을 설명하고 있다.

자궁을 둘러싼 지知

「방사양생감」의 여백에는 월경経水, 유미乳糜,[5] 유미낭, 그리고 자궁에 관한 설명으로 가득하다. 당시 자궁을 어떻게 인식하고 있었는지 살펴보자.

자궁은 방광과 직장 사이, 그리고 대장 바로 아래에 위치하며 크기는 달걀만하고 아래에 조그만 옆으로 난 구멍이 있다. 임신하면 달이 차면서 점차 커진다. 그 좌우에 나팔관이 있다. 그 관 끝 쪽에 난소가 있는데 그것은 비둘기 알만한 크기다. 난소 안에는 검은 콩만한 것들이 20개 정도 있다. 그 가운데 투명하고 끈끈한 물

---

5) 장벽에서 흡수된 유백색의 림프액(역주).

은 정액을 만드는 씨가 된다. 이 난소는 남자의 불알과 같은 것으로 젊을수록 부드럽고 나이가 들면 주름지지만 나이에 상관없이 크기는 작다. 방사를 무분별하게 남용하면 혼이 쇠하고 몸이 허약해져 맑고 생기 있는 모습이 사라진다. 결국은 위험한 병을 얻게 된다. 뿐만 아니라 정액을 감소시킨다. 원래 정액은 피로 이루진 것으로 그 피가 몸 안에 충분하도록 해야 한다. 삼가고 조심해야 한다.

우선 그림과 그에 대한 해설을 조합해보자. 자궁의 좌우에 나팔관이 있고 그 양 끝에 난소가 있다. 그림에는 자궁의 중앙 부분부터 나팔관이 나와 있는 것처럼 그려져 있다. 나팔관 끝에 있는 둥근 모양이 난소이다. 나팔관의 위치는 알 수 있지만 난소의 위치는 부정확하다. 난소 안에 검은 콩 모양을 한 것은 성숙한 난포를 일컫는 말이다. 그것도 20개 정도라고 정확하게 기록하고 있다. 참고로『해체신서』에는 "작은 알"이라고만 기술되어 있다.

또한 자궁 내에는 어렴풋하지만 태아의 모습이 그려져 있다. 특히 태아의 머리가 거꾸로 위치해 있는 것은 주목할 만하다. 이것은 18세기 무렵 산과의학産科医学을 서양의학과 연결시키지 않고 독자적으로 발전시킨『산론익産論翼』(〈그림 1-5〉) 등 가가와賀川 류의 산과서産科書[6]에서 가져온 듯하다.[7] 당시에도 태아는 자궁 안에서 머리를 위로 하고 있으며 출산하는 순간 머리를 회전시켜 아래로 향한다고 알려져 있었기 때문에 태아가 머리를 거꾸로 표현한 것은 당시로서는 드물었다. 자궁 안에 태아가 그려져 있고 임신하면 자궁이 점차 커진다고 기록하고 있는 것처럼 자궁은 아이를 임신하는 기관인 '출산의 그릇'이라는 점을 분명히 하고 있다. 자궁이나 난소, 난포에 대한

---

6) 에도 중기 산부인과 의사로 크게 활약한 가가와 겐유(賀川玄迪, 1739~1779)를 일컬음. 1775년 아버지 겐에쓰玄悦의『시젠시산론子玄子産論』을 계승·증보하여『산론익産論翼』를 간행하고, '가가와류산카賀川流産科'를 제창함(역주).

7) 緒方正清,『日本婦人科学史 下』, 丸善, 1914.

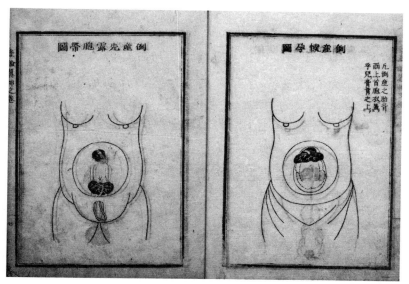

설명을 통해 볼 수 없는 기관과 그 구조를 둘러싼 과학적·해부학적 담화가
이루어지고 있음을 알 수 있다. 기관의 움직임을 마치 꼭두각시 인형처럼 그
리고 있는 것도 특이하다. 단골이 많은 상인이나 직인, 주조酒造에 종사하는
가내수공업자나 제조업자 등, 부지런히 일하는 사람의 모습을 형상화하여 장
기의 움직임을 설명하고 있다. 임신이나 출산을 시작한 신체의 움직임은 '건
강'을 상징하며 상당한 수고와 시간을 들이는 장인의 노동에 비유하여 설명
하고 있다.

늙으나 젊으나 남자나 여자나

「방사양생감」에 따르면 난소에서 "투명하고 끈끈한 물"이라 일컬어지는
정액=정자가 만들어 진다. 그것은 남자의 고환에서 만들어지는 '정액'과 같
은 것이라고 여겼다. 그러나 남자의 '정액'이라함은 오늘날 일반적으로 생각

하는 남자의 성기에서 분비되는 정자를 포함한 정액은 아니었다. 월경이라는 현상은 알고 있어도 그 메커니즘에 대해선 아직 알지 못했던 것이다. 그러나 월경이 7일간 계속되며 월경혈이 정자가 되고 월경과 월경 사이는 임신하기 쉬운 기간이라는 것은 인지하고 있었다.

앞서 본 것처럼 「음식양생감」에는 '신장'에 '정신'이 머물며, "음란한 일에 뛰어난 자는 몸이 빨리 쇠약"해진다는 경고처럼 '신장'에서 만들어지는 '정액'이 과도한 방사로 인해 감소하고 신체를 쇠약하게 하여 신허에 이르게 된다고 여겼다. 여성 역시 과도한 방사는 피를 성분으로 하는 정액을 소비하게 된다. 이에 따라 정신魂과 신체가 쇠약해지고 병을 얻게 된다. 그런데 여기서 신허는 남자의 색정으로 인해 생기는 병으로 특권화 되고 있으나 여성의 경우는 도외시되었다.

「방사양생감」을 요약하면 인간의 정수精髓라고 할 수 있는 정액의 낭비를 금해야 한다는 것이다. 주목해야 할 것은 이러한 금기가 유교적인 덕목이나 사회윤리와 관련된 것이 아니었다는 점이다. 요컨대 심신과 관련된 선악이나 절제를 권하기는 했지만 결코 엄격한 금욕을 요구하지는 않았다. 한편 자궁은 자손 번식을 위한 '출산의 그릇'인 동시에 성애性愛를 위한 '쾌락의 그릇'이기도 했다.

민속이나 종교 방면에서는 자궁 혹은 태내를 재생의 은유로 사용하여 상징적인 기관으로 간주하였으며, 양생론에서는 자궁과 난소를 '출산의 그릇'과 '쾌락의 그릇', 더 나아가 신체와 혼을 지탱하는 생명의 근원인 '정액'을 비축하는 '생명의 그릇'으로 여겼다. 에키켄 스스로는 자신이 민속종교에서 많은 영향을 받았다고 말하지만 실은 지극히 현실주의자였다.

한편 에키켄의 양생론이나 「방사양생감」에는 남녀관계에 대한 기술이 전무하며 '색'에서 빠질 수 없는 '정'에 대한 배려가 결여되어 있다. 이는 에키켄의 양생론이 남성 지식인을 주요 독자로 삼아 남성의 색욕 처리에 중점을 둔 탓인 듯하다. 물론 여성의 색욕을 인정하지 않았던 바는 아니다.

어찌되었든 이러한 색욕관이 종교적 금욕주의와 다른 방향인 '나쁜 쪽'으로 치달아 '심허心虛의 병' 즉 몽정에 이르는 망상을 비대하게 하여 재산을 탕진하는 호색好色문화가 세상에 만연하게 되었다.

에도 시대에는 무엇보다 "오로지 내 몸을 소중히 하여 생명을 유지"하는 양생문화와 함께 유흥 · 회화 · 문예 · 유예 · 즐거움 등의 '색'의 문화가 무르익었다. 늙으나 젊으나 남자나 여자나 호색에 관심 없는 자가 없었으니 색에 물들거나 호색에 마음을 빼앗겨 풍류를 즐기고 색정을 발산시켰던 것이다. 그것이 에도의 민중문화를 더욱 화려하게 수놓았다.

2. 색정의 사상

잇사一茶의 성생활

고바야시 잇사小林一茶, 1763-1828(〈그림 1-6〉)가 부인과의 성관계 횟수에 집착하여 이를 일기에 세세하게 기록한 것은 잘 알려져 있다. 잇사는 1814년(분카文化 11) 52세라는 매우 늦은 나이에 결혼하였다. 그의 아내 기쿠菊는 28살이었다. 그로부터 2년 후인 정월 20일, 젠코지善光寺 참배

〈그림 1-6〉 고바야시 잇사

를 마치고 돌아온 잇사는 다음과 같이 기록하고 있다.(『七方日記』)

> 20일, 흐림 가이바라柏原에 가다. 기일 전날 저녁식사.
> 21일, 맑음 성묘. 저녁에 눈. 교합交合.
> 22일, 맑음 간밤에 창문 밑에서 밥그릇과 작은 그릇을 이웃에 방해되지 않게 잘
> 게 부숨. 아내가 "괴이하다"고 말함. 모모히키股引[8]와 훈도시褌鼻褌[9]를 세탁함.

20일은 돌아가신 아버지 기일 전날 밤이고, 옆집에는 계모와 의붓동생 부
부가 살고 있었는데 그곳에서 잇사 부부는 저녁식사를 함께 했다. 다음날
부친의 기일에 성묘를 하고, 저녁에 아내와 정을 통했다. 이때 아내는 임신
8개월이었다. 일반적으로 부모의 기일은 정진일精進日[10]로 정진물精進物[11]을
나눠 먹고 교합을 삼가는 것이 관례이다. 또한 당시 임신 중의 교합은 금물
이었다. 태아의 엉덩이에 멍(몽고반점)이 생기나 태아의 입에 음수=정액이
들어가 간질이 되거나 태독[12]이 생겨 병신이 된다거나 하는 속설 때문에 꺼
렸다.

잇사는 이후에도 조모와 부모의 기일에 성묘를 한 후, 묘지에서 정력에 좋
다는 황정黃精과 음양곽淫洋藿을 캐고 밤에는 부인과 성교를 반복했다. 정진
일에 금기를 어긴 것은 잇사가 아이를 간절히 원했기 때문이기도 하지만(안
타깝게도 아내와의 사이에서 낳은 3남 1녀 모두 요절), 황정과 삼지구엽초와
같은 정력에 좋다는 약초를 채취하여 색의 길에 매진하기 위함이기도 했다.

---

8) 통이 좁은 바지 모양의 남자용 작업복, 잠방이(역주).

9) 남자의 음부를 가리는 폭이 좁고 긴 천(역주).

10) 육식을 하지 않는 날(역주).

11) 육류를 쓰지 않은 음식(역주).

12) 젖먹이의 머리나 얼굴에 진물이 나고 허는 피부병의 일종(역주).

그런데 금기를 깬 데에서 오는 꺼림칙함 때문일까 잇사는 악몽을 일기에 적기도 했다. 아내가 자신의 모모히키와 잇사의 훈도시를 세탁한 것도 액을 씻어내기 위함이었던 듯하다.

잇사의 성애에 대한 집착은 양생법과 정면으로 대립한다. 그러나 양생술의 방중술이나 도인導引법,[13] 조식調息법[14]이 도교적인 신선술에서 유래한 것이고, 양생술은 신선술을 세속화한 것임을 상기할 때 잇사는 신선술의 계승자라 할 수 있다. 양생과 호색은 같은 토양에서 배양된 것이기 때문이다.

이 같은 잇사의 생활방식에서 우리는 과연 무엇을 발견할 수 있을까? 하나는 부부 간의 색정·색욕을 통해 서민들의 생활양식을 알 수 있을 것이다. 다카오 가즈히코高尾一彦의 『근세 서민의 문화近世庶民の文化』에 따르면, 이하라 사이카쿠井原西鶴의 『호색 일대남好色一代男』 안에 표현된 호색은 충효와 대비를 이루고 있다고 한다. 사이카쿠에 따르면, '메오토女夫'[15] 관계, 즉 정식 부부관계가 아니어도 서로 사랑하는 남녀 사이라면 호색이 발현된다고 말한다. 거기에는 유녀와의 관계도 포함된다. 지카마쓰 몬자에몽近松門左衛門의 『하카타고죠로나미마쿠라博多小女郎波枕』에는 하카타博多의 유녀 고죠로小女郎가 사랑하는 소시치惣七에게 "당신은 이 고죠로가 아직 경국지색이라고 생각하는지요. 이 몸은 비록 유곽에 있지만 마음만은 이미 부부랍니다"라며 자신의 처지를 한탄한다. 비록 유녀와 손님으로 만났지만 서로 사랑하는 사이라면 '메오토' 즉 부부라는 것이다. 지카마쓰는 남녀의 사

---

13) 도가道家에서 행하는 일종의 건강법(역주).

14) 일종의 호흡법(역주).

15) 부부의 옛말. 정식 부부관계가 아니더라도 진정 사랑하는 사이라면 '메오토夫婦·妻夫·女夫'라 칭함(역주).

랑이 관철된 부부관계에서만 남녀의 색=성애가 성립한다는 것을 고죠로를 통해 말하고 있는 것이다.

유곽色里의 윤리

이러한 '메오토'의 윤리는 무가武家의 유교 이데올로기가 아닌 서민의 생활 윤리에 의해 배양되었으며 다수의 유곽문화=색도色道로 인해 한층 발전하였 다. 그러나 메이지 문명개화기를 전후하여 외설적이고 천한 것으로 전락되 어 버렸다. 또한 '메오토' 관계 역시 메이지 민법과 황태자(훗날 다이쇼大正 천 황)의 성혼 캠페인을 계기로 이에제도家制度[16]로 흡수되어 변질되어 갔다.[17] 따라서 색도라든가 '메오토' 관계의 역사적 변화과정을 놓쳐서는 안 된다.

색도가 만들어낸 남녀관계를 봉건사상에 길들여진 여성멸시라고 간단히 정의해 버릴 문제는 아니다. 이는 민중 내부에서 파생된 생활윤리의 가능성 을 차단하고 무시하는 것이다. 사이카쿠의 작품에서 "애정의 윤리와 미의 식"을 주장한 다카오 가즈히코高尾一彦의 논의에 주목해 보자.[18]

유곽에서의 유흥, 즉 색도나 풍류는 '사랑戀'을 기본으로 한다. 사실 이 '사 랑'에는 금전이 얽혀있긴 하지만 유녀와 손님 사이에는 분명한 윤리적 규칙 이 마련되어 있었다. 그 세부 항목을 들면 첫째, 특정 유녀와 연애 중에 있으 면 다른 유녀와 유흥을 즐길 수 없다. 둘째, 만약 단골 유녀와 연을 끊기 위 해서는 타당한 이유가 있어야 한다. 셋째, 유녀의 마음에 들지 않을 경우 유

---

16) 1898년(메이지31)에 제정된 민법에 기초한 가족제도. 호주戶主를 중심으로 그와 가까운 친족관계가 있는 사람들을 가족으로 일가에 속하게 하여 호주에게 이에家의 통솔권한을 부여 함. 에도 시대에 발달한 무사계급의 가부장적 가족제도를 기반으로 함(역주).

17) 佐伯順子, 『文明開化と女性』, 新典社, 1991.

18) 高尾一彦, 『近世庶民の文化』, 岩波書店, 1968.

녀가 손님을 거절할 수 있다는 것이다. 다시 말해 색도·풍류의 근본에는 남녀 쌍방의 윤리의식인 '진심まことの心'이 존재하며, 남녀의 공감을 바탕으로 '정'을 주고받을 때에 비로소 윤리=미의식이 성립한다는 것이다.

이러한 윤리적인 남녀관계는 유곽에만 한정된 것은 아니었다. 다카오는 위의 책에서 "윤리적 제약이나 주장을 내포한 남녀 간의 애욕이 서민들에게 유포되어 그것이 윤리의식이나 미의식으로 발달하기 시작한 역사적인 상황"에 주목해야 한다고 역설한다. 이처럼 '사랑'이나 '진심'에 가치를 두었던 호색은 민중들로 하여금 봉건적 신분제도를 적용하여 신분이 다른 사람끼리의 연애를 윤리에서 벗어난 남녀관계 즉 불의不義로 치부해온 관습을 풍자하고 비판한다. 이렇게 볼 때 '사랑'에 가치를 둔 색도 중심의 연애 '유흥遊び'이 '진심'이나 '정'을 바탕으로 한 민중들의 윤리의식에 기반하고 있음을 알 수 있다. 그리고 색도의 미의식은 민중들의 '메오토' 관계에 흡수되면서 윤리의식이 한층 세련되어 졌다. 호색으로 대표되는 에도문화는 '메오토' 관계의 중요한 가치인 호색, 즉 민중의 윤리와 미의식에 기대어 발전해 갔다고 할 수 있다.

3. 민중의 망상력

음경陰茎은 부모의 은혜보다 소중하다

히시카와 무로노부菱川師宣, 니시카와 스케노부西川祐信, 스즈키 하루노부鈴木春信, 도리이 기요나가鳥居清長, 기타가와 우타마로喜多川歌麿, 우타가와 도요쿠니歌川豊国, 가쓰시카 호쿠사이葛飾北斎·오우이応為, 우타카와 구니사다歌川国貞, 게사이 에센渓齊英泉, 우타카와 구니요시歌川国芳 등은 에도 시대를 대표하는 우키요에浮世絵[19] 화가들이다.[20] 이들은 수많은 마쿠라에枕絵(笑い絵, 春画)·에혼艶本·요미와読和[21]를 남겼다. 이들이 주로 삼았던 테마는 남녀 교합에 있어서의 '색色'이었다. 이에 대한 민중들의 관심 또한 매우 컸다. 그렇다면 춘화는 어떠한 민중의식 속에서 탄생했으며 또 어떻게 민중의 지지를 얻을 수 있었을까? 그 안에는 민중의 윤리와 미의식 그 시대의 사상이 함께 녹아들어 있을 것이다.

일반적으로『여대학女大学』이라고 불리는『여대학보상女大学宝箱』은 에도시기에 보급된 것으로 여성들의 예의범절에 관한 내용을 담고 있다. 저자는 가이바라 에키켄이라고 알려져 있지만 분명치 않다.[22] 아마도 에키켄이 세상을 떠난 후 18세기 초 무렵에 저술된 것 같다. 내용은 여자가 음란하면 이혼해야 하고 여자의 색정을 인정해서는 안 된다는 식의 부정적인 이야기로 가득 차 있다.

〈그림 1-7〉『여대락보개』

한편 18세기 중엽에는『여대학보상』을 패러디한『여대락보개女大楽宝開』(〈그림 1-7〉)라는 작품이 등장하였다. 가이마라 헤키켄開莖廎軒이 저술한 것으로 알려진 이 책은 여성의 색도를 철저히 부정했던『여대학보상』과 대조적이다.

---

19) 17세기에서 20세기 초 에도 시대에 성행한 풍속화. 주로 도시의 일상생활상이나 시장풍경, 풍물 등을 소재로 하여 일반 대중들의 사랑을 받음(역주).

20) 이들 염본을 번각·해설한 책『에도 마쿠라에시 집성江戸 枕絵師集成』이 하야시 요시카즈林美一에 의해 1996년 현재 간행 중에 있음.

21) 남녀의 성행위를 글을 중심으로 서술한 염본(역주).

22) 여훈서에 관해서는 가케히 구미코筧久美子의『중국의 여훈과 일본의 여훈中国の女訓と日本の女訓』(女性史総合研究会編,『日本女性史 3』, 東京大学出版会, 1982) 참조.

이를테면 "여자가 성장하여 결혼하여 남편을 섬기게 되면 색도에 마음을 쓰는 일이 가장 중요하다. 부모 역시 그것을 기꺼워 하니 대가 끊이지 않을 것"이라든가 "결혼한 여자가 남편과의 잠자리에 싫증나 가출하여 다른 좋은 남자를 만난다고 하더라도 그것은 여자의 길이 아니며 매우 수치스러운 일이다. 여성에게 음경은 부모보다 소중하다"[23]라며 『여대학보상』의 내용에 맞서고 있다.

그러나 이것은 어디까지나 패러디에 불과하다. 남편에 대한 복종이나 남존여비를 주장하는 내용은 포함되어 있지 않다. 이 책을 얼마나 많은 여성들이 접했을지 모르나 여자의 색정을 간과하지 않고 색도와 호색을 권하며 그것을 '메오토' 관계의 하나로 인정한 것은 매우 이례적인 일이라 할 수 있다. 춘화를 지탱하는 민중의 에토스 역시 이러한 밝은 분위기에서 생성되었으리라.

사람의 도리는 부부관계에서 시작된다

가이바라 에키켄이 『양생훈』을 저술한 것은 1713년이며 그로부터 2년 후 마스호 잔코增穂残口, 1655-1742의 『염도통감艶道通鑑』이 간행되었다. 에키켄이 남성중심의 유교적 논리에 주목했다면 잔코는 그와 정반대의 논리를 폈다. 잔코는 원래 니치렌슈日蓮宗 후쥬후세不受不施파 승려였는데 환속하여 일반민중들에게 신도를 전파하는 강석사講釈師가 되었다. 이 두 사람은 무엇보다 신분차이가 매우 컸다.

일찍이 잔코의 사상에 천착해 왔던 이에나가 사부로家永三郎는 잔코의 사상을 '연애지상주의'로 규정하였다. 그는 남녀관계 중에서도 '메오토' 중심의

---

23) 福田和彦, 『江戸の性愛学』, 河出文庫, 1988.

'진심'과 '정'에서 그 가치를 찾았다. 『염도통감』은 "무릇 사람의 도리는 부부 관계에서 시작된다"라는 말로 시작하여 "부부는 곧 세상의 근원이다. 부부가 화합하지 않으면 단 하루도 도리가 있을 수 없다. 도리를 다 하지 않으면 진심은 존재하지 않는다. 진심이 존재하지 않으면 세계는 성립하지 않는다"라고 단언하고 있다. 잔코는 "서로 사랑하고 아끼는 마음, 그것이 우러러 나오는 것이 진심"이며, 이를 "부부의 진심" "음양의 진실"이라고 정의하였다. 가이바라 에키켄이 놓친 색의 관계론을 발전시킨 것이다. 그는 "부부의 진심"의 근거를 이자나미伊耶那美·이자나기伊耶那岐[24]의 '음양교합陰陽交合' 신화에서 찾고 있으며, 음양화합·부부화합이 세계의 근본을 성립시킨다고 역설한다. 그것은 음양신이 개입된 오곡풍양五穀豊穣·안산安産·음부의 병의 치유 등을 기원하는 민속의례와 신앙으로 결정된다는 것이다. 여기에는 민속의 지혜에 따르는 서민적 윤리와 실천을 승화시킨 민중사상으로서의 부부화합 이론으로 발전해간 모습이 엿보인다. 잔코는 "메오토의 진심"과 "메오토 화합"의 중요성을 주장하며, "음양의 진정성"이 부재함을 비판하였다. 예컨대 의식주의 욕망과 형식적이고 권위주의적인 "예礼"는 모두 금전적인 이해와 타산에서 비롯된 것으로 "음양의 진정성"을 회복해야 한다고 말한다. 이 "음양의 진정성"은 곧 "연모의 정"을 의미한다. 진심으로 사랑하고 서로를 가엾게 여기는 "연모의 정"을 갖춘 부부가 바로 "신인神人 합체의 부부"라는 것이다. "연모의 정"이 있다면 모든 속박으로부터 자유로울 수 있다고 설파한다. 서로 융합하여 연을 맺는 것이 진실이라는 윤리의식은 봉건적 신분질서에 대한 비판으로 이어졌다. "비단옷을 입고 좋은 집에서 사는 것 보다는 누추

---

24) 일본 창조 신화에 등장하는 주신主神으로, 이자나미는 여신, 이자나기는 남신을 일컬음 (역주).

하지만 남편과 함께 분수에 맞게 사는 것이 진심이 바뀌는 일이 없을 것"이라며 물질보다는 진심이 담긴 '메오토' 관계를 옹호하였다.

잔코의 비판은 더욱 거세졌다. "요즘 남의 아내를 범하여 법을 어긴 대가로 목숨 대신 돈으로 해결하여 가산을 탕진하는 자가 무수히 많다. (중략) 애초에 도가 아니라고 생각했다면 그렇게 헤매지 않았을 것이다. (중략) 선과 악을 깊게 생각지 아니 한 자들은 모두 사람 꼴을 한 원숭이"라며 밀통한 자들에게 엄벌을 내릴 것이 아니라 "연모의 정"을 관철시킬 것을 강하게 주장한다. 잔코가 생각하는 이상적인 '메오토' 관계란, 가정을 이끌어 가기 위한 것이 아니라 어디까지나 "연모의 정"을 바탕으로 한 남녀관계에 있었음을 엿볼 수 있는 대목이다.

이어서 "요즘 매음녀 중에는 돈에 쪼들려 의리로 만났다 할지라도 두 사람의 마음을 어지럽혀 함께 죽음을 택하는 경우가 있다. 미친 듯 웃으며 매도하지만 죽음을 두려워하지 않는 것은 고결하며 가여운 일"이라며 "메오토의 진심"을 관철하기 위해서라면 정사心中도 불사해야 한다는 것이다. '메오토' 관계에 있어서는 매음녀라도 예외가 아니라는 것이다. "연모의 정" "메오토의 진심"에 기대어 밀통과 정사를 인정하는 것은 유교 이데올로기를 부정하고 체제를 흔드는 당시로서는 상당히 위험한 사상이었다고 할 수 있다.

눈부신 자태

잔코의 사상을 나타내는 키워드로, "연모의 정" "메오토의 진심" 이외에 "색"과 "색도"가 있다. 그는 "색을 좋아하여 도를 상하게 하고 의를 깨는 것은 사람들이 흔히 겪는 일이다. (중략) 설령 색에 마음이 끌려 예에 어긋난다 하더라도 세상의 천박한 욕정에 빠져들어 도를 상실한 자들 보다는 그 수가 훨씬 많을 것"이라고 단언한다. 또한 "선악은 사람에게 존재하는 것이지 술에 존재하는 것은 아니다. 색도 역시 마찬가지다. 오락의 정수이자 야마토大和의 근원이다. 도에 따라 진심에 이르면 아무런 실수가 없을 것이다. 그 정도가 지나쳐 건강을 잃고 색에 빠져 가정을 잃는 것은 사람에게나 있는 것이지 색에는 없다. 잠시라도 술 없이 못 살고 색 없이 못산다면 불교의 가르침이나 신의 계율도 소용없을 것이다"라고 단언한다.

"사랑은 진심을 확인하는 가장 좋은 방법이니 소홀히 생각지 말라"고 경고하며 사랑이나 색도가 더 이상 연애놀음이 아니라는 점을 분명히 하고 있다. "오락의 정수" "야마토의 근원"이 되는 민중의 윤리 혹은 생활 신조로 제창되었던 것이다. 이때 색정은 남녀의 관계성 안에서 전폭적인 지지를 받았다. 잔코의 사상이 당시의 민중의 생활의식이나 윤리의식에 바탕을 두었던 것은 틀림없어 보인다. 그렇지 않다면 아무도 그의 말에 귀 기울이는 자가 없었을 터이다.

당시 민중뿐만 아니라 잔코 역시 숙명론적 신분제에 얽매여 가업을 중시하지 않았던 것은 아니다. 그러나 '색'이나 '색도', '연모의 정'이 그것을 뛰어넘을 수 있다는 것도 알고 있었던 듯하다. 잔코는 단순한 몽상을 주장하는 것이 아니라 에도 민중의 현실적인 생활의식을 바탕으로 색정과 호색을 사상적 과제로 확실히 형상화하고, "연모의 정" "메오토의 진심" "음양화합"을 관통하는 천년 역사의 망상력을 선동하고 있었다고 할 수 있을 것이다. 그것은 바로 이 시대에는 잃어버리고 없는 성애에 대한 사상이다.

이러한 민중의 망상력은 니시키에 안에서 어렵지 않게 찾아 볼 수 있다. 눈에 띄게 정다운 남녀의 모습을 표현한 풍속화는 음침한 권력에 저항하여 상당한 양을 축적해 왔다. 역사적인 배경으로 눈을 돌려보면 거기에는 민중의 윤리적, 미적 감성과 정치의식을 드러내고 발전시켜 간 것을 확인 할 수 있다. 음양신과 같이 남녀의 성기, 풍성한 음모, 약수처럼 다리사이로 흘러내리는 음수淫水는 "연모의 정"의 궁극인 "신인합체神人合体의 메오토"를 도상화한 것이다. 더 나아가 풍요를 기원하고 병, 다툼, 가난이 없는 유녀를 포함한 민중들의 행복한 경지를 상징화한 망상력의 소산이라 할 수 있을 것이다.

2장
문명개화의 섹슈얼로지

1. 일본풍 섹슈얼로지 '태내 10개월'

임신을 도상화한 니시키에錦絵

　19세기말 문명개화기에 서양에서 도입한 섹슈얼로지(성과학)와 산부인과 의학 서적들이 번역되어 출판되었다. 이로써 남녀관계에서 성적인 사상事相 즉 섹슈얼리티에 관한 이제까지 보지 못했던 새로운 지식과 신체의 영역이 열리게 된 것이다. 이는 성기에 집착하는 남녀의 욕망을 지식의 측면에서 다루게 되었음을 의미한다. 이제까지 색이나 색정의 영역은 남녀의 성기에 집착하지 않는 단순한 놀이 개념이었고 지식은 놀이를 즐기기 위한 수단에 불과하였다.

　문명개화기 서양 산부인과 의학 및 섹슈얼로지는 근세 산부인과 양생론과 혼재하는 양상으로 나타났다. 그런데 점차 근세 산부인과 의학과 양생론은 서양 섹슈얼로지에 압도되어 갔다.

　이 시기의 섹슈얼로지는 섹슈얼리티와 관련된 통속적인 지知의 형태나 담론 속에 양자가 접합하는 양상으로 나타났으며 간혹 단절된 양상도 엿볼 수 있다. 근대에 형성된 섹슈얼리티를 둘러싼 담론은 어떤 지층을 이루고 있으며 어떤 단층을 형성하고 있는지 살펴보자.

19세기 후반 문명개화기에 「닌겐오시에구사人間おしえ草」(1883), 「임신에 관한 소양懷妊の心得」(1883), 「아이가 생기는 이야기子の出来るはなし」(1883), 「부모의 은혜를 헤아리는 그림父母の恩を知る図」(1882) 등과 같이 임신과 관련된 수많은 니시키에가 간행되었다. 임신과 태아의 성장 과정을 친절하게 그림으로 풀어 제시한 것이다. 이 흥미로운 니시키에는 나카노 미사오中野操가 편찬한 『니시키에 의학 민속지錦絵 医学民俗志』에 수록되어 지금까지 전해지고 있다.

임신에서 출산까지 열 달 열흘이 걸리는 것처럼 열 명의 임산부 뱃속에 태아가 점차 성장해가는 모습을 담고 있다. 지금은 그다지 흥미로운 사실이 아닐지 모르나 당시에는 이러한 종류의 니시키에가 적지 않게 팔렸다고 한다. 임신의 메커니즘을 둘러싼 지식이 흥미로웠던 것일까? 아니면 임신에 대해 호색 취미라도 있었던 것일까?

태내에서 아이가 성장해 가는 열 달 열흘간의 과정을 묘사한 「태내 10개월 그림胎内十月の図」, 「임신 10개월 그림懷胎十月の図」은 근세 시기에 널리 유포되었다. 이를테면 성인 여성을 위한 교양서 『여중보기女重宝記』(구사다슨보쿠시草田寸木子, 〈그림 2-1〉), 『여중보기대성女重宝記大成』에 반드시 실릴 정도였다. 석장錫杖[1]이나 독고獨鈷,[2] 삼고三鈷,[3] 오고五鈷[4] 등의 불구佛具를 통해 태아를 표현하고 있으며, 부동명왕不動明王이나 석가여래 등의 불보살, 명왕이 태아의 성장을 수호하는 것으로 묘사하고 있다.

---

1) 승려가 필수적으로 지녀야 하는 지팡이로 비구 18물 중의 하나(역주).
2) 밀교에서 쓰는 불구佛具의 하나인 금강저金剛杵. 양끝이 뾰족한 철이나 구리로 되어 있으며, 한쪽 끝에 방울을 단 것은 독고령獨鈷鈴이라 함(역주).
3) 밀교에서 쓰는 양쪽 끝이 세 갈퀴로 된 금강저(역주).
4) 양끝이 다섯 가랑이로 된 금강저의 하나. 밀교에서 쓰는 중요한 법기法器임(역주).

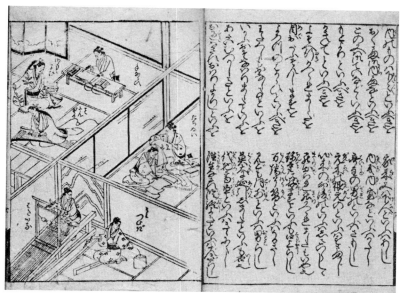

<그림 2-1> 『여중보기』의 일부 내용

에도 초기(1600년대 초)의 『셋쿄 조루리說軽浄琉璃 구마노노혼지熊野之本地』 (〈그림 2-2〉)의 다음 기술에 주목해 보자.

> 인간이 출생하는 모습을 대략 살펴보자. 먼저 태내에 잉태된 첫 달에는 부동자세로 독고獨鈷의 모습을 하고 있다. 부동이라는 글자 모양처럼 작은 힘을 모으는 형상이다. 고환苦患, 고전苦戰, 삼악도三惡道5)로 인해 방황하기 시작한다. 두 달째는 여의보주 석가여래의 형상을 하고 있다. 그 모습이 마치 석장錫杖과 같아(후략)

이어서 승려가 불구를 이용해 "숙태 10개월의 이치宿胎十月の理"를 설명하는 모습이 묘사되어 있다. 이것은 18세기 중반에 다케다 가라쿠리좌竹田からくり座의 꼭두각시 인형극으로 제작되어 홍행하기도 했다.

---

5) 불교 용어로 악인이 죽어서 가는 세 가지의 괴로운 세계인 지옥도, 축생도, 아귀도를 말함 (역주).

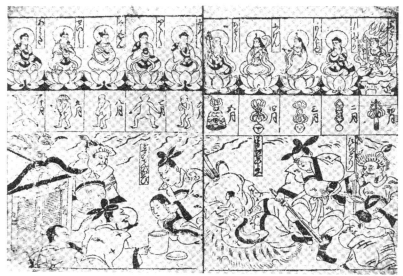

<그림 2-2> 「태내 10개월 그림」

여성의 태내 여행

에도 시기 말부터 메이지 초기에 활약하였던 문인 사이토 겟신斎藤月岑의 『무강연표武江年表』에 다음과 같은 기록이 보인다. 막부 말기의 1864년 3월, "센소지浅草寺 오쿠야마奥山의 다케다 누이노스케竹田縫之助가 움직이는 인형을 제작하여 선보였다. 잉태한 여자의 뱃속을 열어 열 달 간의 변화를 보여주는 장치이며 인형은 움직이기도 한다." 19세기 후반에도 '태내 10개월'이라는 제목의 볼거리가 아사쿠사와 료코쿠에서 흥행하기도 하였다.

메이지 초기에도 이러한 볼거리가 계속되었다는 것을 알 수 있다. 오사카大阪에 위치한 센니치千日에서는 벌거벗은 여성의 복부를 개복하여 자궁 안에 태아를 집어넣은 인형이 등장하였다.[6] 1886년 4월 25일자 『조야신문朝野新聞』

---

6) 橋爪紳也, 『明治の迷宮都市』, 平凡社, 1990.

기사 중에는 "아사쿠사 공원 제6구 3호지 교육관敎育館이라는 곳에서 어제부터 임신한 첫 달부터 막달까지 십 개월 간의 태아를 재현한 여자인형이 전시되고 있다. 인형을 조정하는 이는 히고 구마모토肥後熊本 출신의 기요하라淸原 모某 씨이며 이 새로운 기획은 육군 군의관 모씨가 제안했다고 한다."[7] 이 '태내 10개월'이라는 기획은 문명개화기에 계몽의 일환으로 추진된 것임을 알 수 있다.

또한 하세가와 뇨제칸長谷川如是閑의 형이자 신문기자인 야마모토 쇼게쓰山本笑月는 『메이지 세상백화明治世相百話』(1936)에서 문명개화기인 1880년 무렵 「아사쿠사 구라마에浅草藏前의 여자인형」이라는 제목의 볼거리가 흥행하였음을 기술하고 있다.

메이지 12, 13년 무렵 아사쿠사浅草 우라야바시厩橋 부근의 구라마에藏前에 거대한 누드 인형이 등장했다. 높이가 3척이나 되어 동네 지붕 위로 인형의 가슴이 드러나 보이고 피부색은 회반죽을 사용해 표현하였다. 그다지 보기 좋은 모습은 아니었으나 진기한 모습에 구경하는 인파가 줄을 이었다. 에로에 대한 관심은 예나 지금이나 마찬가지다. 고시마키腰巻[8]를 연상시키는 빨간색 천을 걸어 올리고 기어들어 들어가면 무릎을 지나 체내로 올라갈 수 있다. 배 부위에는 열 달을 상징하는 태아의 모형이 그럴 듯한 설명과 함께 배치되어 있다. 순로를 따라 올라가면 머리 꼭대기 부분에 3개의 창이 있어 사방을 밝게 비춘다. 도심의 번화함을 접할 기회가 별로 없는 서민층은 신기한 듯 구경했지만 일년 후 철거되었다.

높이 9미터가 넘는 이 거대한 인형은 상반신 누드에 하반신은 붉은색 고시마키를 걸치고 있다. 그곳이 입구인 모양이다. 회반죽을 빚어 피부를 표

---

7) 木下直之, 『美術という見世物』, 平凡社, 1993.
8) 여성의 속옷의 일종(역주).

현하고 배 부위 자궁의 위치에 태아의 성장 과정을 열 달 순서대로 나열하고 있다. 비바람 속에서도 인파가 끊이지 않았고 일 년이나 흥행을 했다는 것을 보면 상당히 인기가 있었던 듯하다. 고시마키를 걷어 올리고 태내로 들어가 다시 태내를 통해 빠져 나오는 설정은 젠코지善光寺와 슈겐도修驗道에서 행하는 죽음과 재생을 체험하는 '태내 구경' 취향과 유사하다.

쇼게쓰는 이 거대한 인형이 인기몰이에 성공할 수 있었던 이유를 '에로'에 대한 흥미에서 찾고 있는데 이는 쇼와 시대에 성행했던 에로 · 구로[9]문화의 영향 때문인 듯하다. 무엇보다 이 거대한 인형의 매력은 높은 곳에서 내려다 볼 수 있는 시원한 전망에 있었다. 거리를 한 눈에 조감할 수 있는 것만으로도 당시로서는 좋은 볼거리였던 것이다. 이를 계기로 고층 누각과 고층 탑 건축 붐이 일었다. 1888년에 오사카 난바難波에 5층짜리 '조망각眺望閣'이 세워졌고 그 이듬해에는 9층짜리 '료운각凌雲閣'이 세워졌다. 전자를 '남측 5계', 후자를 '북측 9계'라고 하며, 1990년에 세워진 도쿄 아사쿠사浅草의 '료운각凌雲閣'은 그 계보를 이어 '12계階'라고 칭하였다.

특히 쇼게츠가 "껄껄 웃으며" 계단을 올랐다는 표현은 그가 이를 에로틱하게 감지하였음을 엿볼 수 있는 대목이다. 그의 너털웃음은 적어도 외설에 대한 비웃음은 아니었을 것이다. 호색적 색채가 농후한 유쾌한 웃음이 아니었을까? '태내 10개월'의 볼거리는 생명탄생의 신비에 대한 호기심도 있었겠지만 그보다는 여성의 신체 내부 특히 여성의 성기와 자궁에 대한 호기심과 호색취미가 연동하여 더욱 인기를 끌었던 듯하다.

메이지기에 간행된 「태내 10개월 그림」에도 남자들의 호색취미가 반영되

---

9) 에로틱Erotic, 그로테스크Grotesque의 약칭. 난센스Nonsense라는 말과 함께 1920년대의 저속한 문화와 풍속을 상징함(역주).

어 있다. 물론 이 안에는 여성의 신체, 임신의 메커니즘에 대한 호색적 취미
뿐만 아니라 새로운 지적 호기심도 작동하고 있었을 것이다.

'태내 10개월'은 백 년 이상이라는 긴 세월 동안 볼거리로 인기를 끌었다.
「태내 10개월 그림」은 불보살의 힘에 의한 생명의 탄생을 설명하는 불교적
인 도상圖像에서 서양의학의 과학적인 인간중심의 도상으로 변화하였다. 그
렇다고 해서 결혼의 의의, 임신에서 출산에 이르는 과정, 태아의 성장과정,
임신 유지법 등을 가르치는 텍스트로 대중들의 사랑을 받아 왔다.

색 문화의 전통

「닌겐오시에구사人間おしえ草」(〈그림 2-3〉)는 다음과 같은 기술로 시작되고
있다.

> 남자나 여자나 적령기가 되면 혼인의 연을 맺는 것은 세상의 정해진 이치이며
> 인생에 있어 가장 중요한 의무이다. 따라서 서로가 화합하여 풍속을 지키고 그
> 다음으로 평생 품행을 바르게 하며 건강 유지에 힘써야 한다. 몸이 건강한 자는
> 건강한 아이를 낳을 것이다.

〈그림 2-3〉「닌겐오시에구사」

이어서 남녀가 부부가 되는 것은 즐거움을 얻기 위해서라기보다 집안을 부유하게 하고 자손을 번영하게 하며 가문의 영속과 국가를 위한 용기 있는 남자를 만들기 위해 노력하는 것이라고 말한다. 또한 '수음手淫·과음過淫'을 경계하고 적절한 교합과 섭생을 권한다. 월경이나 임신의 메커니즘에 대해서도 설명하고 있는데 여기에는 서양 섹슈얼로지의 영향을 발견할 수 있다.

결혼에 대한 올바른 풍속을 들고 있는데 이를 테면 생활에서의 절도 있는 태도, 삶을 살아가는 자세 등이 그것이다. 게다가 품행과 건강을 갖춰야 한다. 이 세 가지 조건을 들어 남녀의 '화합'을 말하고 있는 점은 주목할 만하다. 이 '화합'의 내실이란 과연 어떠한 것인가? 또한 '화합'은 실제로 가능했을까? '화합'이란 '연애'를 말하는 것일까? 적어도 '화합'이라는 말에 가까운 내실이 포함되어 있었을 것이다. 아니면 남녀가 서로 정을 나누었음을 인정하고 있다고 볼 수 있다. 당시 결혼의 주된 형태인 중매결혼이라면 적어도 남녀가 서로 납득한 상태에서 결혼을 추진하였을 것이다. 남녀의 '화합'이 결혼의 근본 요건으로 한다는 점은 근세에 배양된 민중사상 즉 '메오토의 논리'를 계승한 것이라고 할 수 있다.

한편 "집안을 부유하게 하고 (중략) 국가를 위한 용기있는 남자를 만드는 일에 노력"해야 한다는 점은 근세의 가부장제 이데올로기를 떠올릴 수 있다. 결혼과 성행위는 즐거움을 얻기 위한 것뿐만 아니라 가문과 자손의 번영, 가문의 존속을 위한 것으로 확고하게 자리매김하고 있다. 그뿐 아니라 무엇보다 남자 아이를 낳는 일, 즉 '출산의 그릇'에 충실하는 것이 여성의 임무였다. 그런데 그것을 메이지의 국가주의적 풍조라고 단언하기에는 무리가 있다. 오히려 근세의 유교적 윤리가 지배하고 있는 것으로 보인다.

이 시기에는 아직 '국가'라든가 '국민'이라는 단어에 익숙하지 않았기 때문이다.

남녀의 성행위를 가문이나 자손의 번영을 위한 것으로 규정하고 '수음·과음'이 금기시되었다. 정력을 쇠하게 하고 건강을 해치는 병의 원인이 되기 때문이었다. 여자뿐 아니라 특히 남자의 경우는 잦은 자위행위로 발기가 안 되어 망신을 당하는 경우도 있다. 하지만 그에 대한 금기를 소리 높여 주장하지는 않는다. 단지 "삼가라"는 경고에 그치고 있다. 성교는 7일에 1회가 적절하며 과도한 성교는 가급적 자제할 것을 권한다. 나중에 살펴보겠지만 이 부분은 서양의 섹슈얼로지와 매우 변별되며 근세의 양생문화가 아직 존재하고 있음을 의미한다.

또 주의해야 할 것은 결혼에 있어 가문과 혈통보다는 건강한 신체를 우선시하였고 아이의 경우도 건강을 가장 중요하게 여겼다. 남녀 관계에 있어서는 여성은 남성에게 사랑받는 존재, 즉 수동적인 성애의 대상이라는 점을 강조하였다. 따라서 남성중심의 성행위 묘사를 어렵지 않게 볼 수 있다.

남녀의 '화합'을 우선시할 것, 또한 남녀가 "교합 시에는 부부가 마음을 열고 때를 정해야 한다. 자연히 정이 가고 참기 힘들 때 교합하는 것이 바른 교합"이라는 말에서 '메오토의 윤리'를 계승하고 있음을 엿볼 수 있다. 또한 '쾌락'에 빠지는 것을 경계하면서도 '정욕'에 대해 상당히 긍정적이라는 것을 알 수 있다. 남녀 모두가 기분 좋게 정욕을 발산하고 서로 사랑하며 열심히 노력하는 것으로 평온무사한 삶과 궁극의 이상을 실현할 수 있다고 보았다.

이자나기 · 이자나미 그 이전부터

다음은 「부모의 은혜를 헤아리는 그림」(〈그림 2-4〉)을 살펴보도록 하자. 첫 부분에 "석존의 가르침에 한번 여자를 범한 중은 삼세三世[10]에서 반드시

불구자로 태어난다고 하였고, 공자의 경우는 더욱 편협하여 여자와 자리를 같이 하는 것도 허용하지 않았다. (중략) 이것은 매우 완고한 것으로 오늘날과 같이 개화된 세상에서는 그러한 편협한 학자는 한 사람도 없다"고 하며 석가나 공자의 사상의 편협함과 완고함을 비난하였다. 이어서 이자나기 · 이자나미 신화를 인용하여 남녀교합의 기원을 설명하고 있다.

〈그림 2-4〉「부모의 은혜를 헤아리는 그림」

요컨대 이자나기 · 이자나미가 할미새가 꼬리를 흔드는 것을 보고 교합의 방법을 배웠다는 내용의 신화로, 『니혼쇼키日本書紀』(神代上第四段一書第五)에 등장한다. 서구의 물결이 팽배한 가운데 '국민'으로서의 정체성을 간신히 기기신화記紀神話[11]에서 찾으려고 한 것이다. 어쨌든 창조의 신이라 일컬어지는 이자나기 · 이자나미(〈그림 2-5〉)는 『남녀교합득실문답男女交合得失問答』(1886)이라는 매우 요상한 속설을 혼재한 채, 성애 지침서의 표지

---

10) 전세, 현세, 내세를 일컬음(역주).

11) 『고지키古事記』와 『니혼쇼키日本書紀』에 실린 신화를 총칭하는 말(역주).

와 권두화에도 사용되었으며 부부화합의 상징이 되었다.

여기서 흥미로운 것은 남녀의 성애를 "천지 자연의 도리"로 삼고, 남녀 모두 "유쾌함"의 경지에 도달하는 것을 중시하고 있는 점이다. 그렇지만 앞서 언급한 「닌겐 오시에구사」와 마찬가지로 "교합의 길"은 쾌락을 위한 것이 아니라 "자손 번영의 토대"를 구축하기 위

〈그림 2-5〉 창조의 신 이자나기·이자나미와 근대의 부부

한 것이라고 한정하고 있다. "실로 아이가 없는 자는 보물이 있어도 즐겁지 않고 늙어서 기댈 곳이 없다"라는 말처럼 국가가 내건 이상론을 거론하지 않더라도 철저히 '노후'를 보장하는 담보로 기능하였던 것이다. 노인과 젊은이들의 '자연적' 질서가 확고하게 자리 잡았던 사회에 적합한 도덕이었다고 할 수 있을 것이다.

그런데 아이가 없는 원인은 어디까지나 남성이 아닌 여성의 책임으로 돌리고 있다. "교합의 길"로서의 남녀의 성애가 "천지 자연의 도리"라고 해도 그것은 어디까지나 남성우월주의를 바탕으로 하여 가문을 영속시키고 이것을 최고의 가치로 삼는 '자연'에 다름 아니었다.

성교에 적절한 계절

「부모의 은혜를 헤아리는 그림」에는 "건강한 아이能兒를 낳기 위한 성교에 적절한 계절과 태교에 관해 알려주고 있다. "난잡하게 성교하지 말 것"과

"춘삼하육추절무동春三夏六秋絶無冬"이라고 하여 봄에는 한 달에 세 번, 여름은 한 달에 여섯 번, 가을과 겨울에 이르면 초목과 마찬가지로 정기가 쇠약해지므로 삼가라고 기술되어 있다. 즉 봄부터 여름 아내의 월경이 멈췄을 때 부부가 허물없이 침실에 들어가 정을 섞는다면 아내는 정열을 참을 수 없게 되어 난소를 열고 정자를 받아들여 임신할 가능성이 높다고 말한다. 그 결과 "건강한 아이"가 태어난다는 것이다. 인간이나 초목이나 자연은 사계절과 같은 "기氣"의 성쇠가 있으며 이를 잘 따른다면 "건강한 아이"를 낳을 수 있다는 것이다.

태교에 관한 설명은 더욱 흥미롭다. 여성은 임신하면 나쁜 것을 보지 말고 다양한 꽃을 보도록 권하고 있다. 꽃에 감화되어 "아름다운 아이"가 태어난다고 하는 상당히 목가적牧歌的인 태교법을 기술하고 있다. 그림에는 임신하여 태아를 뱃속에 품은 10명의 여성이 각각 꽃을 손에 장식하거나 바라보고 있다. 임신 1개월은 복수초福寿草, 2개월은 매실梅, 3개월은 벚꽃桜, 4개월은 모란牡丹, 5개월은 연자화杜若, 6개월은 자양화紫陽花, 7개월은 용담竜胆, 8개월은 여랑화女郎花, 9개월은 국화菊, 10개월은 애기동백山茶花으로, 각각의 달을 상징하는 꽃이 배치되어 있다. 서문에는 송죽매松竹梅가 그려져 있다. 아마도 이「태내 10개월 그림」은 임신 축하 선물로도 사용되었던 듯하다.

그런데 이 태교법은 새로운 것은 아니었다. 17세기말 겐로쿠元禄기에 등장한 이노 고켄稲生恒軒의 『이나고구사いなご草』를 답습한 것이다. 이 책의「태교」의 장에는, "눈으로 사악한 색을 보지 말며 오색의 바른 것만을 보고 갖가지 기교로 물든 색을 보지 말지어다. 색 뿐 아니라 그 어떤 것이라도 바르지 않은 것은 보지 말라"라고 전제하고, 마음은 천을 짜듯 외부 세계와 잘 어우러지며, 자연의 질서, 더 나아가 도덕적 질서와 조화를 이루는 것이 무엇보다 중요하다고 기술하고 있다.

자궁에 대한 찬가

"훌륭한 아이" "건강한 아이" "아름다운 아이"를 낳는 것은 임신 기간 중의 감정, 사유, 행동에 영향을 받는 것으로 전적으로 여성의 도덕적 책임만 강조된다. 그런데 이것은 근대에 등장한 담론은 아니다. 『이나고구사』와 같은 근세의 여자 교훈서 등에서 쉽게 찾아 볼 수 있는 내용이었다. "훌륭한 아이" "건강한 아이" "아름다운 아이"는 자연의 질서에 둘러싸인 도덕적 공동체 속에서 저절로 태어난다고 하는 메이지 초기의 담론을 계승한 것이다. "올바른 교합"과 성적인 규범을 준수하고 섹슈얼리티의 자기관리가 있어야만 훌륭한 아이를 출산할 수 있다는 것이다. 또한 단순한 양생이 아닌 위생·의학 담론이 중요하게 부상하였다.

성교와 임신을 둘러싼 담론에서는 도덕적인 공동체 속에서 자연적 질서가 수립되는 것을 이상으로 삼았다. 이 안에서도 월경이 끝난 후 남녀의 '색정色情'의 자연스러운 발로에 대해 기록하고 있다. 여자의 신체는 자연의 질서를 가진 도덕적 공동체 속에 용해되어 있으며 '출산하는 그릇'에 지나지 않았다. 그렇다고 해서 남자가 지배자로 군림했던 것은 아니다. 여자와 마찬가지로 도덕적 공동체 안에 자신의 신체를 매몰시켜야 했다.

특히 "여성이 태내의 아이를 출산하면서 느낀 산고의 흔적, 그 고통은 어떤 것에도 비할 데가 없으며 이것으로 부모의 은혜를 알지어다"라며 부모의 은혜, 그중에서도 출산시의 진통을 감수하는 어머니의 은혜를 알아야 한다고 강조한다. 그리고 부모에게 효도하고 '황국皇國'에 충성하라는 충효의 덕목을 고취하고 있다. 성교, 임신, 출산이라는 지극히 사적인 영역을 국가 차원으로 격상시킴으로서 '개인·가정'과 '천황·국가'가 운명공동체라는 황국주의 이데올로기를 주입시키고자 했으나 그다지 효과적이지는 못했던 듯하다.

그러나 「닌겐오시에구사」와 「부모의 은혜를 헤아리는 그림」의 서문에도 나타나 있는 것처럼 여성—자궁의 위치는 매우 높게 평가하고 있었음을 알 수 있다. 자궁 속의 태아가 성장해가는 열 달 간의 과정을 여성의 전신 또는 반신으로 형상화하고 있으며, 태반의 위치를 통해 안산安産과 난산難産을 구별한 그림도 있다. 「아기가 생기는 이야기子の出来るはなし」에는 결혼에서부터 임신과 출산에 이르기까지의 장면이 그려져 있다.

이 모든 니시키에 안에는 임신에서 출산에 이르기까지의 메커니즘 그리고 태아의 성장과정을 기록하고 있다. 주로 복부와 태아만 그리고 얼굴을 생략한 다른 책들과 달리 여성의 신체는 단편화 되어 있지 않다. 이 안에는 '출산하는 그릇'으로서 여성의 신체를 정의하고 여성의 신체—자궁을 태아가 머무는 그릇 '출산하는 그릇'에만 한정하지 않으며 남녀 차별도 특별히 눈에 띄지 않는다. 「닌겐오시에구사」에 보이는 것처럼 여성의 출산으로 인한 고통에 대한 경의가 솔직하게 표현되어 있다.

여기서 흥미로운 것은 남자는 「아기가 생기는 이야기」의 결혼 장면에만 등장하고 여성만 묘사되고 있는 점이다. 그것도 이 책을 제외하고는 신체의 복부를 열어 자궁 내의 태아만 그리고 있는 것처럼 임신—출산은 여성에게만 한정되고 있다. 여기서 '출산하는 성性'으로 여성의 신체가 정의되고 있으며 여성의 신체—자궁은 태아가 머무는 그릇에 한정되고 있다.

이들 니시키에 안에는 서구 섹슈얼로지의 영향이 다소 보이기는 하지만 병리학이나 위생학으로 인해 자궁에 대한 인식이 크게 변화하지는 않았다.

여성의 신체―자궁은 이전과 마찬가지로 자손의 번영을 이야기하고 풍요의
원천이 되는 그릇으로 꾸준히 칭송되었다.

2. 범람하는 개화 섹슈얼로지

서양문화의 범람

문명개화기에는 다양한 서양문화가 밀려들어왔다. 그 중에서도 서양 섹
슈얼로지(성과학) 관련 서적은 비교적 빠른 시기인 1879년(메이지 8)에 등장
하였다. 제임스 에스톤善亞頓이 저술하고 치바 시게루千葉繁가 번역한 『조화
기론造化機論』이 그것이다.

같은 해에 후쿠자와 유키치福沢諭吉가 『문명론의 개략文明論之槪略』을 저술
하였고, 마쓰모토 료준松本良順과 나가요 센사이長与專斎 등이 주축이 되어 『의
학잡지医学雑誌』를 창간하였다. 이른바 '개화물開化物'의 상징인 '문명文明'은 '구
폐旧弊'와 대비되는 개념으로 사용되었고 '구폐'를 조롱하는 서적이 다수 간
행되었다. 이보다 한 해 앞서 창간된 『메이로쿠잡지明六雑誌』는 후쿠자와 유
키치의 계몽담론을 유포하는 데에 일조하였다. 또한 국가 차원에서 의료와
위생을 서양의학으로 대체해 가고 있던 시절이었다.

『조화기론』은 우에노 치즈코上野千鶴子에 따르면 "개화 초기의 기념비적인
해부학적 성과학서"이다.[12] 이 책은 번역서인데 역자의 사상이 매우 적극적으
로 개입되어 있으며 지바 시게루가 상당히 자유롭게 의역한 것으로 보인다.

『조화기론』이 출판된 이듬해부터 '통속通俗' 혹은 '신찬新撰'이라는 타이틀

---

12) 上野千鶴子,「解説」,『風俗・性・日本近代思想大系23』, 岩波書店, 1990.

을 내걸거나 '조화'라는 단어가 들어간 제목의 서적들이 붐을 이뤘다.[13] 1876년에는 『통속조화기론通俗造化機論』이 출판되었다. 이것은 문자 그대로 '통속'을 목적으로 한 것이다.

또한 이듬해에는 지바 시게루가 번역한 에드워드 후드의 『통속조화기론』, 1879년에는 그 속편이 같은 제목으로 간행되었다. 이들 번역서의 평판에 힘입어 1887년에는 세권을 합본하여 『통속조화기론』을 내놓았다.[14] 이처럼 『통속조화기론』은 19세기 후반에서 20세기 초까지의 메이지 시대를 통틀어 애독되었던 유래 없는 서적이라고 할 수 있다.

그로테스크한 정교함

개화 섹슈얼로지 담론은 어떤 식으로 전개되어 독자들에게 받아들여졌을까? 이는 이 책의 큰 테마라고 할 수 있다. 우선 제임스 에스톤의 『통속조화기론』을 살펴보자.

상하권으로 나뉘어 있는데, 상권은 남녀 성기의 메커니즘이 매우 중점적으로 논의되고 있다. 그리고 남녀 성기의 결합을 매개로 한 정욕(당시 '성욕'이라는 말이 없었음)과 그 결과로 인한 임신과 태아의 성장 순서로 목차가 구성되어 있다. 하권은 젊을 때부터 과도한 성행위나 정욕·음욕으로 인해 발생하는 해악에 관해 논하고 있다. 결혼 적령기라면 의지·지능·자질·성질·기력·뇌의 관점에서 각각의 배우자를 선택할 것과 임신은 어떻게 판별하며, 출산 과정, 최음제催淫劑 등에 대해 논의하고 있다.

이 책의 특징은 남녀의 성기가 매우 세밀하게 묘사되어 있는 점이다. 상

---

13) 木本至, 『オナニーと日本人』, インタナル株式会社出版部, 1972.
14) 1905년까지 총 11판이 인쇄됨.

권 권두화에는 여성 누드화와 8장의
그림이 실려 있다. 첫 번째 그림은 남
자 성기와 방광 등의 해부도이고 두
번째는 정자와 정자가 난자로 들어
가는 장면이 그려져 있으며, 세 번째
그림은 여자 성기 등 하복부의 장기
를 표시한 해부도, 네 번째 그림에서
는 이것의 단면도를 묘사하였다. 다
섯 번째 그림에서는 외부 성기를, 나
머지 그림은 근세의 「태내 10개월 그
림」의 인기를 의식한 듯 임신 3개월,
6개월, 9개월의 태내 모습을 그리고
있다(〈그림 2-6〉).

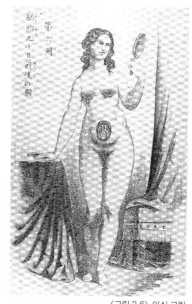

〈그림 2-6〉 임신 그림

　이것은 앞서 언급한 「음식양생감」이나 「방사양생감」과는 전혀 다른 양상
의 그림이다. 불필요한 듯 보이는 권두화의 누드화는 서양의 심미적 인체를
형상화한 여성 모델이 돋보인다. 여성의 이상적인 인체를 제시한 것이라는
점은 쉽게 알 수 있다. 당시에는 전라 여성의 모습을 공개하는 일은 매우 드
물었다.

　일본 여성의 누드사진이 서양인을 겨냥하여 요코하마橫浜를 중심으로 유
포되었다. 잠자는 모습이나 목욕하는 모습, 머리 감는 모습 등 일본 전통의
풍습을 담은 사진이 많았는데 서 있는 모습의 닮은 꼴 사진도 상당히 많았
다.[15] 그러나 이들 그림은 오른 손에 사과를 들고 있는 이브의 모습을 연상

15) 下川耿史, 『日本エロ写真史』, 青弓社, 1995.

시키는 전형적인 서양 회화의 포즈로, 색정이나 외설적인 느낌은 별로 없었다. 이러한 누드 포즈라든가 흉부, 복부를 에로틱하게 묘사하는 것은 조금 더 훗날의 일이다.

남녀 성기의 세밀한 묘사는 적어도 외설을 목적으로 한 것은 아니었다. 무엇보다 성과학을 강조하였다. 그런데 세밀하게 묘사한 성기와 해부도는 섬세하다고 정평이 난 일본 전통적 춘화春畵와는 또 다른 그로테스크한 힘이 있었다. 새로운 에로티즘의 탄생이라고 할만하다.

예컨대 남녀 성기는 거의 실물 크기로 그리고 있으며, 음모 또한 매우 사실적이며 정교하게 묘사하고 있다. 하지만 이것은 춘화와 달리 음란하고 음탕한 느낌은 없다. 인체의 장기도 정교하게 묘사하고 있으나 생동감은 전혀 없고 과학적 사실에 치중하고 있다. 장기나 기관을 과학적으로 묘사하는 것만으로 만족을 느끼는 패티즘에 빠진 것처럼 보인다. 이들 그림에서는 남녀의 성기를 특이한 물체로 강조하고 있으며 남녀 성기의 결합은 곧 성교라는 이미지를 부각시키고 있다. 즉 남녀 신체의 일부에 불과한 성기를 특별한 것으로 강조하고 남녀의 교접을 성기에만 국한시키는 것으로 남녀 성기를 특권화하고 있는 것이다.

이 책에서는 남녀의 성기와 그 결합을 과학적인 담론으로 표현하고 과학적인 그림으로 나타내고 있다. 문명개화의 물결에 휩쓸려 이 책을 읽었던 수많은 독자들 특히 청년들과 지식인들은 신선한 충격을 받았을 것이다. 남자와 여자의 관계를 성기로 수렴하는 것은 곧 섹슈얼리티와의 만남을 의미하며, 섹슈얼리티의 주체로서 자신을 편제編制하는 데에 이 책이 강력한 힘을 발휘하였음을 알 수 있다. 남녀의 성기를 생물학적·생리학적으로 매우 구체적으로 설명하고 있으며 이와 함께 남녀의 섹슈얼리티의 방향성, 이른바 규범에 관해서도 많은 이야기를 하고 있다. 이 남녀의 섹슈얼리티 규범이 어떤 말로 이야기되고 있는지 다음 장에서 살펴보기로 하자.

3. 규범화되는 섹슈얼리티

올바른 교합이란

『통속조화기론』에는 앞서 언급한 니시키에와 마찬가지로 성애를 둘러싼 담론이 포함되어 있다. 예컨대 "교합의 쾌락은 먼저 서로 마음을 열고 그런 후에 행하는 것이다. 이 허물없음을 일컬어 애정이라고 한다. 만약 부부 사이가 원만하지 못하여 이런 애정이 없을 때에는 서로 표정을 온화하게 하고 만사에 거스르지 않도록 조심하여 자연스럽게 마음으로부터 정이 우러날 때를 기다려야한다"는 것이다. 부부 사이의 마음의 융화·화합, 애정의 자연스러운 발로를 주장한 것이다.

또한 "올바른 교합이란 부부의 정신과 신체를 편안하게 추스르고, 서로 정이 통할 때 교합함을 이른다. 이러한 경우에는 마음도 무겁지 않고 몸도 아프지 않으며 쌍방의 즐거움이 한층 더 할 것"이라며 부부 간의 정신과 신체의 조화, '정'의 교합, 애정에 대해 반복적으로 것"이라면서, 부부 간의 정신과 신체의 조화, '정'의 소통, 애정에 관해 열정적으로 설명하고 있다. 이것이 "올바른 교합", 즉 "부부의 도道"라는 것이다. 이렇듯 강제성을 띤 성교를 경계하고 여성들의 마음과 의사를 존중하는 것에서 근세의 '색'의 세계를 계승하면서 동시에 새로운 남녀의 윤리를 수용하고자 했음을 읽을 수 있다.

부부의 도道의 규범

"부부의 도"에서 가장 중요하게 여겼던 첫 번째 특징은 남녀 성기의 결합이다. 즉 "남녀의 음부는 놀랄 만큼 서로 끌어당기는 힘"이 있다고 말한다. 이는 언뜻 보기에 매우 당연한 말처럼 보인다. 분명 쾌락의 깊이를 추구하기 위해 호사가들 사이에서 남녀 성기의 좋고 나쁨이 언급되기는 했으나 부부관계에서 성기를 특별히 강조했던 적은 없었다. 게다가 인류의 번영이나 아이를 만드는 도구로는 한 번도 거론된 적이 없었다. 이러한 남녀의 섹슈얼리티의 성기화는 바로 서양의 성과학에서 비롯되었으며 지금도 일본인들의 규범으로 존재한다.

두 번째 특징으로는, "부부의 애정"을 논의하기 시작했다는 점이다. 이러한 섹슈얼리티관은 근대 일본에 있어 기념비적인 일이었다. 신이 남녀 공평하게 부여한 "남녀의 자연스러운 사랑스러운 감정"에 의해 남녀가 서로 끌리게 되며 이것에서 "부부의 도"가 시작된다. 그 결과 아이를 낳아 기르며, 남녀가 공평하게 부여받은 즐거움, 즉 성애의 환희를 맛보게 된다고 주장한다.

여기서 말하는 '애정'이나 '사랑하는 감정'이나 '끌어당기는 힘'은 정신적인 측면을 강조하는 오늘날의 애정과는 조금 거리가 있다. 곧 이어 기술하게 될 '정욕' 혹은 '성욕'에 가까운 개념이라고 할 수 있다. 그러나 "부부의 도"에서 애정을 바탕으로 하여 "부부의 애정"을 논의한 것은 근대 일본의 결혼관 내지는 부부관에 커다란 영향을 미쳤다. 즉 부부 사이에서 '애정'은 빼놓을 수 없는 요소이자 애정을 매개로 한 남녀 성기 중심의 섹슈얼리티와 결혼관이 등장하게 된 것이다.

세 번째 특징은 '정욕'에 주목했다는 점이다. 남녀 성기의 '끌어당기는 힘'은 신에게서 공평하게 부여 받은 것으로 아이를 만드는 일과 더불어 "더할

나위 없는 쾌락" "무아지경의 유쾌함"을 제공해 준다고 역설한다. 결혼은 "자연스러운 정"을 바탕으로 해야 한다는 것은 표면적인 말에 지나지 않으며 단지 "동침의 비락秘樂"을 위한 것이라고 폭로하고 어쩔 수 없이 남녀가 부부라는 형식을 택할 수밖에 없다고 단언한다. 그리고 "온몸이 전율하는 것"은 "정욕에 마음을 빼앗겼기 때문이며, 이 정은 배우자를 찾는 근원"이라고 말한다. 또한 "남녀의 정감情感 만큼은 위선이 있어서는 안 된다"라며 '정욕'의 정당성을 역설한다.

여기서 '정욕'이 '정감'과 연결시키고 있는 것처럼 성기와 관련된 성적인 욕망에 한정하는 것은 아니다. 애정과 정욕은 곧 성적인 욕망이 미분화한 단계라고 말한다. 1900년대에 이르면 성적인 욕망을 정욕이라는 말로 표현 애정과 분리된 생물학적·생리학적인 '성욕'이라는 단어가 정욕을 대신하여 급속히 퍼져 나갔다.

근대 가족의 모델

정욕은 남녀의 근원이며 "동침의 비락"을 위해 일부일처제의 유지는 불가피 하다는 주장은 근대 기독교 윤리와 민주주의 정신을 바탕으로 한 것일까? 아니면 그러한 의미망을 완전히 일탈한 것일까? 아무튼 남녀관계에 있어 정욕이 최고의 가치를 갖는다는 뜻으로 해석된다. 육체의 욕구, 혹은 성적인 욕망은 루터(또는 루터파)의 말을 빌자면 종교적으로 기피해야할 악마의 유혹이며 끊임없이 계속 감시해야할 경계의 대상이었다. M·베버가 제창한 기독교의 세속적 금욕주의에서 말하는 성적욕망은 "자신의 일에 힘쓰라"라는 노동윤리의 하나로 금욕·자기억제의 대상이었다. 단 "낳아라, 늘려라生 めよ殖えよ"라는 신의 영광을 높이는 수단으로서 성의聖意에 맞는 경우와 부부

간에만 허용되었다. 성적욕망의 금욕·자기억제는 자본주의적인 노동이나 근대 가족 윤리의 뼈대였던 것이다. 그러나 19세기에는 근대 가족의 일부일처제가 정욕의 분출로 인해 위기에 봉착하게 되자 성과학자들은 성적욕망을 적극적으로 인정하며 근대 가족 윤리의 재편을 꾀하였던 것이다.

『통속조화기론』의 역자가 "남녀의 정감情感 만큼은 위선이 있어서는 안 될 것"이라는 상직적인 말로 정욕관을 번역하였는데, 이는 그가 '메오토의 윤리'를 계승하고 있음을 의미한다. 그것은 어디까지나 부부에만 한정된 것이다. 그것으로 간신히 근대 가족의 윤리를 지탱하는 기반을 마련했다고 할 수 있다. 남녀가 서로에게 반하는 것만으로 가정을 꾸리는 것은 아니다. 부부 간의 '애정'을 불가결한 요소로 하여 성애와 결혼을 같은 등식으로 묶었던 것이다. 그것이 근대 가족 이데올로기의 근간이었으나 19세기 후반까지는 이를 제대로 이해하지 못했던 듯하다.

당시 결혼에서 서구 근대의 정신적인 '사랑'이 개입될 여지는 아직 없었으며, 또한 '메오토의 윤리'에서 보이는 일부일처 관계는 존재했으나 그것을 제도화한 일부일처제는 없었다. 그것이 알려지게 된 것은 황태자 요시히토嘉仁, 다이쇼 천황가 결혼하던 1900년의 일이었다. 민간의 하층민 사이에서는 실질적으로 일부일처가 일반적이었으나, 메이지 천황은 물론이고 그 외 귀족과 상류층은 부인과 첩을 두는 일부일처·다첩제가 관례였다.

그 한해 전에 민법이 시행되었지만 황태자 요시히토와 구죠 사다코九条節子, 데이메이[貞明]황후의 결혼식을 기하여 "이 공전의 대전大典을 기해 도덕풍교의 원천이 되는 황실이 처음으로 일부일처의 대의를 분명히 하고 민중으로 하여금 이를 따르도록 하라"(『요로즈쵸호万朝報』, 1900.5.11)라는 캠페인을 통해 이상적인 근대 가정의 모델로서 일부일처제라는 말을 유포해 갔다.

성기의 결합, 애정, 정욕이 바탕이 되는 부부관의 주장으로, 근세적인 색정을 바탕으로 한 "부부의 윤리"가 근대적인 애정과 정욕을 중심으로 한 부부의 윤리로 빠르게 전환되어 갔음을 알 수 있다. 즉 남녀의 "자연스러운 정"을 근간으로 하는 자연적 질서가 아닌, 부부의 애정·정감을 기반으로 하며, 정욕을 억제·통제하기 위한 제도로서의 인륜적 질서=일부일처제를 바탕으로 한 도덕공동체=가정이 바로 섭리라는 근대적 가족모델을 제창한다. 여기서 인간은 정욕을 본성으로 하는 성적인 존재로 자리매김되고 있다. 남녀가 평등한 성적쾌락, 이를 바탕으로 한 남녀관계 및 부부관계를 주장한 것으로 볼 수 있다. 그런데 아무래도 이것과는 거리가 있는 듯하다.

4. 섹슈얼리티의 성기화

남자를 위한 '쾌락의 그릇'

『조화기론』에는 남녀의 성적욕망의 차이를 설명하면서, 남자는 "색정이 없는 자"가 드물며 이에 비해 여자는 "음욕을 위해 고민하는 일이 적고 (중략) 옳고 그름을 분별하는 지혜가 없으며 오로지 남자의 사랑만을 갈구"한다고 언급하고 있다.

여성의 경우 성적욕망보다는 사랑을 원하는 마음이 강하며, 수동적이고 감정적이며 이성적이지 못하고 윤리적으로 무능하여 조정하기 쉬운 존재로 표현되고 있다. 더 나아가 노리개 혹은 창부와 같은 존재라고 말한다.

또한 "본래 여자는 남자의 애정을 끌어내야 하고, 아름다운 자태와 교묘한 교태를 겸비하여 자연스럽게 남자의 마음을 즐겁게 하는 기술에 능한 자"가

되어야 한다고 말한다. 이와 같이 여자는 남자의 '색정' '음욕'에 의해 개발되고 남자의 성적욕망에 종속되는 존재로 간주되었다. 즉 여자는 남자를 위한 '쾌락의 그릇'으로 도구화되었다고 볼 수 있다. 이러한 주장은 여성을 비이성적이고 수동적으로 보는 서양의 여성관을 반영한 것이다.

게다가 지금까지 간과되어 왔던 여성의 쾌락에 대한 설명도 보인다. 남자는 여자에게 "교합의 즐거움"을 능동적으로 알려주어야 하는데, 이때 남자 성기의 길고 짧음이 문제시되었다. 짧고 작으면 귀두가 자궁 입구까지 닿지 않아 여성에게 즐거움을 줄 수 없다는 것이다. 또 성교를 혐오하는 여성의 경우 남자에게 그 책임을 물어야 한다고 말한다. 여자는 능동적으로 자궁(또는 자궁경관)으로 남자의 귀두에 접촉함으로써 "남녀의 환락"을 평등하게 느끼게 된다. 남자의 경우는 귀두가 '쾌락의 그릇'이다. 여자의 경우 연공(클리토리스)이나 소음순이 아닌, 그렇다고 질도 아닌 자궁(또는 자궁경관)이 바로 '쾌락의 그릇'이라고 말한다.

참고로 에도 후기 우키요 화가이자 게사쿠 작가로 활약한 게사이 에센의 『게이츄기분 마쿠라분코閨中紀聞枕文庫』[16]에는 "자궁이 저절로 수축해 귀두를 흡입한다"든지 "자궁이 저절로 움직여 음경의 앞부분을 휘감아 빨아들인다"라는 기술이 보인다.

근세 일본에서는 음핵(클리토리스)·소음층·질전정 또한 매우 민감한 성감대로 일컬어졌는데, 남녀 모두가 자궁을 성적인 쾌락의 중요한 곳이라고 여겼다. 그런데 여기서 말하는 자궁이란 실제로는 질을 일컫는다. 여성 성기 중에

---

16) 1826년(文政9)부터 1832년(天保3)에 걸쳐 연속적으로 간행된 염본류의 성지침서. 일본에서는 처음으로 서양의학을 바탕으로 집필된 것으로, 내용은 총4부로 구성되어 있으며 제1부에서는 『해체신서解體新書』를 바탕으로 여성 성기를 해부학적으로 설명하고 있고, 제2부에서는 여성 성기의 성능과 종류를 설명하고 있으며, 제3부에서는 최음제의 사용법, 제4부에서는 성교 기술의 비전秘伝을 전수하고 있음(역주).

서도 특히 자궁이 단순히 태아를 잉태하는 '출산하는 그릇'이 아닌 '쾌락의 그릇'으로도 자리매김하게 된 것이다. 서양에서도 질과 자궁을 쾌락의 원천이라고 여겼는데, 이는 동서양을 막론하고 여성에 대한 무지를 드러내는 말이다.

여자의 쾌락이란

남자의 경우 '가경佳境' 이른바 성적 엑스터시는 단 한번으로 "두 번 시도하게 되면 다시 새로운 정액을 만들어야 하기" 때문에 "무리하게 음정淫精을 발산"하면 건강을 해치고 반드시 병에 걸린다고 말한다. 그러나 여자의 경우는 "진정한 가경에 빠질 경우 그 정도가 남자에 비할 바가 아니"라고 한다. 즉 여자와 남자는 생물학적 성차가 있는데 여자는 성적욕망이 크지 않은 반면 성적쾌락 면에서는 남자를 능가한다는 것이다. 여기서 성애의 "은밀한 쾌락"은 남녀가 평등하게 느끼는 것처럼 말하고 있지만 실은 여자의 정욕을 남자의 건강을 해치는 것, 도덕적으로 구속해야 할 것으로 제한하고 있다. 더 나아가 여자의 정욕을 막지 못한다면 인륜을 저버릴 만큼 매우 강렬한 욕망에 사로잡히게 될 것이라고 경고한다.

여자의 성애를 인정하면서도 다른 한편에서는 여자는 스스로 생각하고 결정할 수 없는 '쾌락의 그릇'에 지나지 않으며 오로지 남자의 '건강'을 위한 것으로 제한하고 있다. 여자가 성적욕망을 자제해야 하는 이유는 남자와 달리 "옳고 그름을 분별하는 지혜"가 부족하고, 이성적 · 도덕적이 아닌 감정적 · 정서적이며 내면이 부족하거나 결여되어 있기 때문이라는 것이다.

남자의 경우 과도한 성교는 "류마티스, 신경병, 간질, 경련" 등을 일으킨다고 경고한다. 그러나 여자의 경우 적당히 하면 "신체의 보양"이 되며, "죽어가는 생명도 살릴 수 있는 효능"이 있다고 말한다. 게다가 "수음手淫은 해가 되지 않지만 그 이상 다음多淫하는 여자라도 남자와 달리 (중략) 먼저 유혹하여 동침을 재촉하는 일은 없을 것이기 때문에 방사의 도를 넘을 우려는 전적으로 남자에게 달려 있다"고 기술하고 있다.

이것은 정숙 · 성욕과소 · 수동성 · 둔감함의 기질을 여성에게 부여하고, 음분淫奔 · 성욕과다 · 능동성 · 과민함의 기질을 남성에게 부여했던 19세기 후기 식 섹슈얼로지라고 할 수 있다. 아니면 빅토리아 시대(1832~1901) 혹은 청교도의 남녀관의 일부가 아닐까 생각된다.[17] 어쨌든 『통속조화기론』에 기술되어 있는 성행위에 관한 담론은 남자의 건강을 끊임없이 염려하는 철저히 남성중심주의 사고에 입각한 것이다. 이 책은 남성을 독자로 설정하여 금욕이 아닌 절제를 강조하고, '쾌락의 그릇'인 여성을 어떻게 다루고, 가정은 어떻게 관리할 것인가를 교육하려는 목적이 컸다고 할 수 있다.

5. 자궁의 근대

'건강한 아이'를 출산하기 위하여

「닌겐오시에구사」나 「부모의 은혜를 헤아리는 그림」은 공통적으로 "훌륭한 아이" "건강한 아이" "아름다운 아이"를 출산할 것을 남녀 모두에게 요구하였다. 그렇다고 특별히 출산만을 강조한 것은 아니었다. "서로 사랑하며 최선을 다할 때에 훌륭한 아이를 낳을 수 있다"라는 말 안에 함축되어 있듯이, 성교하기 적절한 계절, 남녀의 화합, 신체의 건강, 도덕성을 함께 요구

---

17) 金塚貞文,「消費社会のセクシュアリティ」,『岩波講座 現代社会学10 セクシュアリティの社会学』, 岩波書店, 1996.

하였다. 특히 임신 중에는 "나쁜 것은 절대 보는 일이 없도록 하라"며 목가적 태교를 권장하고 있다.

『통속조화기론』 안에도 「닌겐오시에구사」와 유사한 담론이 포함되어 있다. 이를테면 "고금의 역사를 보더라도 걸출한 호걸은 남녀가 서로 비밀리에 만나는 과정에서 잉태한 경우가 많은데, 이것은 그 부모가 정을 나누고 서로 사랑하는 데에 공을 들였기 때문"이라고 설명한다. 설령 비밀스러운 만남이었다 하더라도, 아니 비밀스러운 만남이었기 때문에 보다 "훌륭한 아이"를 낳을 수 있었다는 말이다.

그런데 서양의 섹슈얼로지가 도입되면서 사정은 변하였다. 우선 성행위에 있어 남녀 상호간의 마음이 문제시되었다. 아리스토텔레스의 설에 근거하여, "못난 아이 혹은 비정상적인 아이를 낳는 것은 부모의 마음이 고통스럽거나 안정을 찾지 못한 때로, 모두 불충분한 교합을 통해 회임된 경우"라고 말한다. 이것은 17세기, 18세기에 유행한 『아리스토텔레스 최고걸작』을 참고한 것으로 보인다.[18] 또한 지나친 성교로 인해 아이를 낳는 기관이 망가지면 허약한 아이가 태어난다고 한다. 여기서 문제가 되고 있는 것은 남자의 정액의 질이다. 과도한 성교로 정액을 제조할 시간이 충분치 못하여 수분이 많고 농도가 옅은 질 낮은 정액이 만들어졌기 때문이라는 것이다.

무엇보다도 여성의 출산에 주목하고 있다. "아이가 선천적으로 불구인 것은 난자가 성숙하지 못하였거나 힘이 부족한 탓이다. 생각건대 성숙한 난자라는 것은, 마치 사과나무에서 열매가 익어가는 것처럼 둥근 것, 타원형인 것, 아름다운 것, 흉한 것 등 그 모양이 제각각"이어서 난자의 질에 따라 아이의 건강이 달려있다고 한다. 이 난자의 수는 30여개 정도로 수가 이미 정

---

18) 荻野美穂, 「女の解剖学」, 『制度としての〈女〉』, 平凡社, 1990.

해져 있기 때문에 성년이 되기 전 소녀들은 절대 문란하게 정욕을 발산시켜 난자를 낭비해서는 안 된다고 경고한다. 따라서 자위라든가 젊은 남녀의 성교는 건강을 해칠 뿐 아니라 그 자손들에게까지 영향을 미친다고 말한다.

흥미로운 것은 아버지 쪽 유전자보다 어머니 쪽을 더 닮는다고 하는 당시 속설에 근거하여, 건강하고 지혜로운 아내라면 설령 남편이 우둔하다고 하더라도 얼마든지 영리한 아이를 낳을 수 있다며 잡담을 즐기지 않는 정숙한 여성을 아내로 맞을 것을 권한다. 아직까지 편견으로 점철된 유전학이나 우생학의 그림자는 보이지 않는다.

올바른 체위

앞서 제시한 니시키에서는 부부가 자연스럽게 마음이 동하여 참기 힘들 때에는 계절적으로는 봄이나 여름, 7일에 1회 정도를 이상적인 교합이라고 기술하였다. 『통속조화기론』에서도 과도한 성교를 삼가고 7일에 1회 정도를 적당하며 무엇보다 "방사의 체위" "교합의 자연스러운 체위" 등 이른바 체위를 문제시하고 있다. 아내가 싫다는데 무리하게 즐기려는 남편이나 아내에게 무리하게 성교를 강요하는 것은 "지혜도 없고, 영혼도 없으며 금수와 다를 바 없다"고 비판한다. 또한 "금수의 흉내를 내어 교합하는 자" 이른바 후배위는 부자연스러운 것이며, "자연스러운 체위" 이른바 정상위를 자연스러운 것으로 규정하였다.

그렇다고 그 이전에 체위가 다양하지 않았던 것은 아니다. 에도 시대부터 이른바 48수手라는 것이 전해져 왔지만, 어떤 것이 자연스러운 체위이고 어떤 것이 부자연스러운 체위인가를 둘러싼 논쟁은 전혀 없었다. 단지 남녀가 서로 즐기고 쾌락의 깊이를 더하기 위한 수단에 지나지 않았다. 그런데 자연스러운 체위와 그렇지 못한 체위로 나뉘게 됨에 따라 정상 체위와 이상 체위로 구분하게 되었고 이것이 사람들의 마음과 몸을 구속하게 되었던 것이다.

감정의 여성화, 이성의 남성화

여기서 유의할 점은 부자연스러운 방법을 사용할 경우 여성이 쾌락을 느낄 수 없을 뿐 아니라 병을 유발하게 된다는 것이다. 즉 무리한 방법을 사용하면 여성은 자궁병을 얻기 쉬우며 중한 병에 걸리거나 음부에 균이나 종기가 생길 수도 있다는 것이다. 이것은 여성에게만 해당된다. 의사의 시선에서 성교와 질병의 관련성을 기술한 것이다. 질병의 대상이 되는 것은 여성의 신체, 성기, 자궁이다.

오기노 미호荻野美穂의 표현을 빌자면 "여성의 성기화性器化 현상"[19]이 출현한 것이다. 단순히 성교 시 체위로 인해 자궁에 병이 생기는 것이 아니라 자궁 자체가 '병의 그릇病の器'으로 부상하게 된 것이다. 「방사양생감」의 경우 과도한 성교가 난소의 정액을 감소시켜 몸을 쇠약하게 만든다는 기술에 그치고 있다. 그런데 여기서는 자궁이 신체에서 분리되어 자궁의 병리로 특권화되고 있다. 그렇다면 어째서 자궁이 '병의 그릇'으로 취급 받게 되었을까? 그 이유는 당시의 여성관을 통해 드러날 것이다.

근대 서양의 인간관에는 신체적으로나 정신적으로나 남자와 여자는 결코 동등하고 균질하지 못하다는 남녀차별이 견고하게 존재하였다. 『통속조화기론』에는, "인간의 뇌는 운동, 사고, 지혜의 근원으로서 기력의 강하고 약함은 이것이 넓고 좁음에 의해 구분된다. 장수나 요절도 마찬가지로 뇌의 깊이와 관련이 있다. 통상적으로 남자의 뇌는 여자보다 크기 때문에 신체와 정신의

---

19) 荻野美穂,「女の解剖学」, 위의 책.

힘도 그만큼 강하다"며 남자와 여자의 성차를 분명하게 구별하고 있다.

단순한 통념이 아니라 두뇌의 크기에 입각하여 해부학적, 생리학적 성차를 논하고 있는 것이다. 그리고 체력, 지력, 판단력, 기력, 생명력과 같은 신체의 힘과 정신의 힘에 있어 남자는 우월하고 건강하며 여자는 열등하고 허약하다는 것을 두뇌의 크기에 따라 구분하고 있다.

18세기 중반 무렵부터 생물학이나 생리학, 해부학을 바탕으로 남녀의 성차를 실증하는 학설이 나타나기 시작했다. 역사학자 L·시빙거Londa Schiebinger의 「밀실 속의 해골— 18세기 해부학에 나타난 최초의 여성 해골 도해」에 따르면 특히 주목한 것은 인체를 구성하는 가장 기본적인 요소인 골격이었다고 한다.[20]

1759년에 여성 해부학자인 다르콘빌은 여성의 골격도를 혁신하였다. 그것은 당시 여성들이 평생 동안 코르셋을 착용하였던 부르주아 여성을 모델로 한 것이었다. 해부학적인 근거는 약했지만 과학적 학설로 반세기 이상을 지배하였다. 이로써 남자는 두개골과 늑골이 크고 넓으며, 여성은 두개골도 늑골도 작고 좁으며 골반과 엉덩이가 크고 넓다는 해부학적 설명이 설득력을 얻게 되었다. 또한 두뇌의 크고 작음이 지능의 척도라는 견해가 유포됨에 따라 남성은 여성에 비해 두뇌가 크기 때문에 지적이고 이성적이며, 여성은 비이지적이고 감성적이어서 아이를 낳아 키우는 것이 천직이라는 남녀관이 탄생하였다. 시빙거는 이러한 남녀의 차이를 "감정의 여성화" "이성의 남성화"라 일컬었다. 이처럼 감정적인 여자, 이성적인 남자라는 틀에 박힌 남녀관은 남자는 가정 밖에서 공적인 일을 하고, 여자는 가정 내에서 사적인 일

---

20) Londa Schiebinger, "Skeletons in the closet : the first illustrations of the female skeleton in eighteenth—century anatomy", in C. Gallagher & T. Laqueur (eds), *The Making of the Modern Body*, University of California Press, 1987.

을 하는 성별역할분담으로 이어져 사회에 정착하게 되었다.

'병의 그릇'으로서의 자궁

『통속조화기론』에는 여성은 신으로부터 '출산하는 성'으로서 자궁을 부여받았으며, "그 구조는 신기하여 인간의 지혜가 닿을 수 없다"라고 기술하고 있다. 그리고 자궁의 생리학적 작용 및 메커니즘을 해명하는데 주력한다. 즉 여성 신체의 메커니즘이 과학적 · 의학적 담론으로 대체되어 간 것이다.

특히 월경月經의 메커니즘은 '월역月役' 혹은 '달'이라고 하여 더 이상 자연의 법칙이 아닌 내성기內性器의 생리학적 메커니즘으로 설명한다. 여기서 강조되는 것은 '병의 그릇' 으로서의 자궁이었다.

> 난자가 충분히 성숙하면 둥지를 떠나 끈처럼 기묘한 모양의 나팔관이라고 하는 관을 지나 자궁으로 내려온다. 이것은 건강한 여성에게는 47일마다 한번 씩 있으며, 이 성숙한 난자가 둥지를 떠날 때에는 통증을 유발하며 월액과 점액을 배출한다. 이것을 월경이라고 한다. 혹시 난소에서 계속해서 이 작용이 일어나게 되면 여성의 몸에 심각한 영향을 미쳐 모든 신경이 아플 뿐만 아니라 심기가 불편하여 평상심을 유지하지 못한다. 또한 딱히 어디가 아픈 것은 아니지만 몸 상태가 좋지 않은 부라부라야마이ぶらぶらやまい 증세나 마음이 자주 변하고 난폭해지며, 초조해지는 등 여러 가지 질병을 일으켜 여성의 타고난 온순함과 가냘프고 부드러운 천성을 잃게 만든다.

이어서 월경을 마치면 임신하기 쉬운 상태가 된다고 기술하고 그에 따른 피임법을 소개하고 있다. 그 내용은 앞서 거론한 「닌겐오시에구사」와 매우 유사하다. 『통속조화기론』을 참조하고 있음을 미루어 짐작할 수 있다. 단 「닌겐오시에구사」에는 월경과 병을 연관시키고 있지는 않다. 「방사양생감」

에서도 자궁(실제로는 질)은 '쾌락의 그릇'인 동시에 '병의 그릇'으로 간주하고 있는데 여기서는 과도한 방사로 인해 '정액'이 감소하여 병을 유발시킨다는 내용 정도만 언급하고 있다.

자궁을 '병의 그릇'으로 간주하는 담론은 서양의학의 영향으로 나타났다. 월경을 더 이상 더러운 것이 아닌 병리적 현상으로 받아들이게 된 것이다. 또한 "불안정성과 병약성"[21]이라는 신화(이데올로기)에 입각하여 바야흐로 여성의 신체는 산부인과, 부인과에서 다루어지게 되었다. 이 가운데 '부라부라야마이' 증세는 신경병의 일종으로 신경쇠약 내지는 우울증을 말한다. 혹은 히스테리를 가리키기도 한다. 메이지 초기에는 아직 히스테리라는 병명이 일반화되지 않았다. 잘 알려진 것처럼 히스테리는 자궁을 의미하는 그리스어에서 유래하였으며 여성 특유의 자궁의 병으로 해석되어 왔다.

중국 고전 의학서에도 '자궁허혈子宮虛血'에 의한 병을 '부인장조女性臟躁'라고 명명하였다. 이에 영향을 받아 메이지 시대의 정신 의학계의 거장인 구레 슈조吳秀三도 히스테리를 '장조병臟躁病'이라고 명명할 것을 주장하였다. 신문, 잡지에 게재된 약품 광고에도 히스테리라는 병명이 널리 유포되었다.[22] 특히 약품광고 가운데 히스테리라는 병명이 널리 쓰였으며 점점 통속화되어 갔다. 얼마 안 있어 히스테리는 여성 특유의 병, 나아가 기질(성격)으로 간주되기에 이르렀다.

과학에 의해 '식민지'화되는 자궁

자궁뿐 아니라 난소와 클리토리스(음핵)도 병의 근원이 되는 기관으로 담

---

21) 荻野美穂,「女の解剖学」, 위의 책.
22) 川村邦光,『幻視する近代空間』, 青弓社, 1990.

론화되어 갔다. 크리토리스가 크면 "부라부라야마이" 즉 히스테리 등의 병에 걸린다고 기술하고 있다. 그도 그럴 것이 "모든 소녀가 성에 눈 뜰 무렵 수음을 하거나 학교 등에서 함께 모여 그러한 나쁜 짓"을 하기 때문이라고 말한다. 남녀를 불문하고 자위는 "자연의 도리를 거스르는 행위"이며 "정력과 건강을 해치는 것"은 물론 "신경을 파괴하는 행위"라고 규정하고, "인간의 가장 두려운 재난 가운데 수음만한 것이 없다"고 단언하였다.

일본에서는 클리토리스 절제는 하지 않았다. 그러나 오기노 미호에 의하면 19세기 후반 유럽과 미국에서는 실제로 전제했다고 한다. 『통속조화기론』의 내용은 서구의 영향을 받아 기술된 것이라고 볼 수 있다. 여성의 광기狂氣의 원인이 자위에 있다고 하여 클리토리스 절제술이 행해졌던 것이다. 미국의 경우, 난소를 적출하거나 19세기 말에 이르면 자궁을 적출하는 일까지 있었다고 한다.

여성의 섹슈얼리티가 기관을 개조하면서까지 일정한 틀 안에 넣어졌던 것이다. 지금도 여전히 정신병자나 나병환자에 대해서는 난소와 자궁의 적출이 계속되고 있다. 이것은 19세기 후반 이래의 성과학, 여기에 우생주의사상이 더해져 만들어진 이데올로기가 아직도 건재하고 있음을 여실히 증명하는 것이다.[23]

도식적으로 설명하자면, 자궁을 둘러싼 담론은 '출산하는 그릇'이 삼각형의 정점에 있으며, 양 쪽 끝 점에 '병의 그릇'과 '쾌락의 그릇'이 위치한다고 볼 수 있다. 바꿔 말하면 자궁을 '병의 그릇'과 '쾌락의 그릇'으로 통제 · 관리함으로서 '출산하는 그릇'으로 자궁의 역할을 축소하려는 전략이다. 결과적으로 여성 섹슈얼리티의 성기─자궁이 거점이 되어 절제 · 교정, 건강 · 치

---

23) 川村邦光, 『幻視する近代空間』, 위의 책.

료라는 도덕적이고 의학적인 담론이 확산되어 나갔다. 나아가 19세기 후반부터 산부인과 의학에 생물학·생리학이 도입되면서 여성의 성은 열등하다는 인식이 뿌리 깊게 자리하게 되었다.

앞서 언급한 『통속조화기론』에 보이는 "일반적으로 남자의 뇌는 여자보다 다소 크기 때문에 신체와 정신의 힘도 그만큼 강하다"라는 기술은 18세기 중반 이후의 '과학적' 담론을 바탕으로 한 것이다. 그리고 이것이 통속화되고 유포됨에 따라 상식으로 자리 잡았다. 자궁을 둘러싼 담론은 '출산하는 그릇'을 중심으로 '쾌락의 그릇'과 '병의 그릇'이 양쪽에 배치되었으나 어느덧 '쾌락의 그릇'으로서의 자궁은 사라져 없어지게 된다.

여성의 몸은 오로지 '출산하는 그릇'과 '병의 그릇'에 한정되었으며 온통 의학적이고 생리학적인 담론으로 채워져 갔다. 여성의 몸, 특히 자궁은 월경과 출산을 통하여 지배되고 착취되며, 의학적이고 과학적인 섹슈얼로지가 지배하는 '식민지'로 전락한 것이다. 급기야 '모성'이라는 아름다운 말도 여성의 몸을 식민지화하고 영속화하는 것을 정당화하는 이데올로기로 변모해 갔다.

지금까지 문명개화기의 섹슈얼로지는 그다지 주목 받지 못하였으나 『통속조화기론』은 1905년에 이르기까지 30년 동안 출판되는 인기를 누렸다. 19세기 말 섹슈얼로지는 민간속설로 채색되어 의학적이고 생리학적인 정치精緻함이 결여되어 있다. 그러나 의학계나 지식인들로부터 외면당하였던 개화기의 '조화기론'은 세기의 전환기에 이르러 크게 변모하면서 20세기의 섹슈얼로지로 계승되어 갔다.

3장
성욕의 시대

1. 키워드로서의 성욕

성욕과 근대 가족

섹슈얼리티를 둘러싼 담론 가운데 특별한 개념의 단어가 출현한다. '성욕'이라는 말이 그것이다. 이 말은 인간의 모든 존재, 인간의 본질, 나아가 인간 내면의 본질을 규정하고자 한다는 점에서 새로운 의미를 내포하고 있으며, 1910년 무렵부터 빈번히 사용되기 시작해 1920년대에 이르면 한 시대를 풍미하는 키워드가 된다.

1920년대는 그야말로 남녀의 연애와 '성'의 시대라 할 수 있다. 여기에는 히라쓰카 라이쵸平塚らいてう, 1886~1971(〈그림 3-1〉)를 중심으로 한 잡지 『세이토青鞜』와 그 동인들, 그리고 요사노 아키코与謝野晶子, 1878~1942(〈그림 3-2〉)가 중요한 역할을 하

〈그림 3-1〉 히라쓰카 라이쵸

〈그림 3-2〉 요사노 아키코

였다. 바야흐로 '성욕의 시대'가 개막된 것이다.[1]

이 시기의 성욕은 억제할 수 없는 것, 더러운 것, 부도덕한 것, 동물적인 것으로 위험시되었던 것만은 아니었다. 생명의 본원, 종족 보존의 원천으로 예찬되기도 하였다. 이율배반적인 '힘'에 의해 근대인의 몸과 마음, 뇌를 지배해간 것이다.

성욕은 물론 미혼의 청춘남녀에게만 문제시되었다. 그런데 기혼자 특히 아내의 경우를 문제 삼기 시작했다. 아내와 달리 남편의 성욕은 당연시하는 분위기였다. 남자의 성욕은 오히려 '남자다움'의 증명이었으며 성욕의 결여는 '남자의 병'이라 치부되기도 했다. 무엇보다 가장으로서 위엄을 차려야 했기에 성욕과 관련된 문제들은 비밀리에 부쳤다.

아내는 여자답고 정숙해야 하며 아내로서의 정조와 어머니로서의 자애로움을 두루 갖춰야 한다고 여겼다. 이른바 '현모양처'가 규범으로 자리매김되고 성욕은 철저히 도외시되었다. 그런데 드디어 성욕문제가 클로즈업되기 시작한 것이다. 여성의 성을 아이를 낳고 기르는 관점으로만 보지 않게 된 것이다. 이 시기의 연애는 한편으로 예찬되었으며 다른 한편으로는 기혼여성의 연애문제로 떠들썩하였다.

성욕과 연애는 서로 배리背離하는 것일까 아니면 일치하는 것일까? 이를 둘러싼 첨예한 논쟁이 벌어졌다. 그것은 미혼여성의 경우도 마찬가지였다. 여성의 특권 혹은 결혼의 조건으로 사랑, 연애, 모성애가 신성시되었다. 이와 동시

---

1) 斎藤光, 「セクシュアリティ研究の現状と課題」, 『岩波講座 現代社会学10 セクシュアリティの社会学』, 岩波書店, 1996.

에 여성의 성욕의 발견은 남성의 불안과 공포, 시의심猜疑心을 노골화하였다.

성욕문제가 사회 전면에 대두되면서 그것은 싫든 좋든 가정 속으로도 밀려들었다. '성性의 공동체'라고 일컬어지는 가족—가정을 조금 더 면밀히 살펴볼 필요가 있을 것이다. 성이나 생식이 화제가 된 것은 근대 이후의 일이다. 근세에는 이러한 것은 당연한 것으로 여겨 굳이 화제로 삼지 않았다. 즉 '자연의 섭리'로 여겼던 것이다. 물론 욕정이라든가 방사(성교) 관련 담론은 이전부터 논의되어 왔다.

앞서 논의한 가이바라 에키켄의 『양생훈』이 그 대표적인 예이다. 여기서는 장수를 위해, 가업과 가문, 자손을 번영시키기 위한 목적으로 색욕 억제와 성교 절제를 권하고 있다. 이것을 곧 도덕이라 규정하였으나 가족 구성원이나 개개인의 인격을 문제시하지는 않았다. 이것이 가정—가족 구성원의 문제로 부상한 것은 근대 이후의 일이다. 바야흐로 '성' 혹은 '성욕'이 특별한 위치를 점하게 되고 가정—가족 구성원의 '문제'로 부상하게 된 것이다.

성聖가족과 성性가족

남/녀의 성(섹슈얼리티)과 성욕이 위생이나 건강의 문제가 아닌, 사회와 가족, 가정 내 윤리 문제로 논의되기 시작하는 것은 아마도 1910년대부터인 듯하다. 이른바 '성性가족'이 탄생하면서부터라 할 수 있다. 여기서 부/모, 남편/아내, 아들·딸의 성, 성욕, 섹슈얼리티는 각각 개별적인 문제로 논의되었다. 단순히 아버지/남편(가장)=엄한 아버지, 어머니/아내=현모양처라는 규범에 수렴되는 것이 아닌 규범을 내면화하는 신체적이고 심성적인 형태로 나타났다.

'성의 공동체'로서의 근대 가족은 이념적으로는 부모, 부부, 아들, 딸로 구성되는 자폐적이고 폐쇄적인 공간이다. 근대 이전에는 촌락 자치의 청년조직인 와카모노구미若者組가 성적인 일과 관련된 관행(요바이나 봉오도리)과 결혼문제를 관장하고 있었다. 그런데 와카모노구미가 해체되어 청년회로 재편되면서 이러한 관행은 점차 사라지게 되었다. 이에 따라 결혼문제 역시 자연스럽게 가장에게 일임하게 되었다. 즉 가장이 아들과 딸의 섹슈얼리티를 관리하게 된 것이다(그러나 실질적으로는 어머니가 떠맡았다). 섹슈얼리티가 사회 문제만이 아닌 가정 내 문제가 된 것이다. 그런데 가정에서는 이를 은폐하고 철저히 봉인하였다.

과도하게 넘쳐흐르던 섹슈얼리티가 마치 아무 일도 없다는 듯 은폐되었다. 때 묻지 않은 청정한 '성聖가족'인 것처럼 포장하고 싶었던 것이다. 그런데 얼마 되지 않아 이것은 오히려 섹슈얼리티를 표면화하는 역설을 낳게 된다. '성性가족'이라는 이율배반적인 섹슈얼리티가 그 모습을 드러내게 된다.

이 '성性가족'이 섹슈얼리티를 은폐한 것은 다름 아닌 성욕이었다. 극기와 자제라는 윤리적 명제 하에 성욕은 바야흐로 시대의 유행어가 되었다.

이 섹슈얼리티의 은폐는 학교나 군대 등 집단생활을 강요하는 장場이라면 만연하기 마련이지만 어찌되었든 가족―가정 밖의 범람하는 성과 달리 그 안의 성은 은폐되어 국민 국가의 정치적 거점이 되었다. 즉 가족―가정은 자폐적이며 사적인 공간인 동시에 정치적 공간이었던 것이다. 또한 민법에 규정된 제도적 차원을 넘어 학교, 군대, 나아가 국가의 기반이 되는 신체적, 심정적 차원의 훈육의 공간이기도 했다.

그렇다면 20세기 초 남/녀의 성욕을 둘러싼 담론은 주로 어떤 문제를 다루었을까? 그것은 20세기를 통틀어 남녀노소를 불문하고 남자와 여자에게 커다란 영향을 미치게 된다. 성욕이라는 개념을 매개로 어떠한 성적 욕망이 형성되었는지, 어찌해서 성욕이라는 개념에 얽매이게 되었는지, 나아가 '성世가족'은 어떤 회로와 장치를 통해 국민 국가로 수렴되어 갔는지 등의 문제를 미디어에 유포된 다양한 담론을 통해 살펴보도록 하자.

2. 성욕의 계보

성욕이라는 말

당시 성욕이라는 말을 직접적으로 언급하는 경우는 드물었다. 섹스, 혹은 정력이 강하다든가 약하다는 식으로 다소 완곡하게 표현하였다. 지금은 성욕이라고 하면 왠지 섹스 매뉴얼 속에서나 등장할 법한 진부한 말로 들린다. 그러나 정력제 광고가 성행하고, 젊은이들의 섹스리스나 노인의 섹스가 화제가 되고, 성희롱이나 성폭행이 끊이지 않고, 정력의 유무가 개인의 고민으로 자리하고 있는 것을 보면 성욕은 여전히 우리 사회에 건재하고 있음을 알 수 있다.

성욕이라는 말은 너무나 잘 알려져 있어 굳이 그 의미를 알려고 하는 사람도 드물다. 그런데 정작 이 말의 뜻을 잘 알고 사용하는 사람은 얼마나 될까? 그리 많지 않을 것이다. 1960년대 초만 하더라도 성욕이라는 말은 그다지 좋은 의미는 아니었으며 일상적인 대화에서 사용되는 일은 거의 없었다. 왠지 뒷맛이 개운하지 않은 느낌이라고 할까. 가능한 입 밖에 내지 말아야 했던 것은 예나 지금이나 마찬가지다. 왠지 태초부터 불행한 운명을 갖고 태어난 말인 듯하다.

그렇다면 이 성욕이라는 말은 대체 언제부터 생겨났을까? 중국에서 한자가

〈그림 3-3〉 후타바테이 시메이

유입되었던 시절로 한참을 거슬러 올라갈 법한
데 실은 그렇지 않다. 1907년(메이지40)부터 급
격하게 사용되었으니 불과 얼마 되지 않았다고
할 수 있다. 성욕이라는 말이 등장한 것과 같은
해에 다야마 가타이田山花袋의 『이불蒲団』, 후타
바테이 시메이二葉亭四迷(〈그림 3-3〉)의 『평범平
凡』, 그리고 앞서 언급한 산부인과 의사 오가타

마사키요緒方正清의 『부인가정위생학』 등이 출판되었다. 이들 책은 모두 성욕
을 키워드로 하고 있다. 바야흐로 '성욕의 시대'가 도래한 것이다.

물론 그 이전에도 성욕이라는 말이 없지는 않았다. 이를테면 후루카와 마
코토古川誠에 따르면,[2] 1905년에 간행된 『보통술어사휘普通術語辞彙』 안에 '성
욕'이라는 말이 등장하며, '성욕설性慾説'을 일컬어, "본능이 시키는 대로 정욕
이 향하는 대로 따르며 욕망을 만족시키는 것으로 인간의 본성에 기초한 선
善"[3]이라고 해설하고 있다고 한다. 즉 본능적인 욕망, 혹은 본능 전반을 지칭
하고 있다. 당시 성욕이라는 말은 일반적으로 사용되지는 않았으나 굳이 말
하자면 이렇듯 본능에 가까운 의미로 사용되었던 듯하다.

성욕과 조규樗牛, 그리고 오가이鷗外

그런데 20세기가 시작되면서 오늘날의 성적 욕망과 매우 가까운 의미로 성
욕을 지칭하는 사람이 등장하였다. 바로 다카야마 조규高山樗牛, 1871~1902(〈그
림 3-4〉)다. 조규는 「미적 생활을 논하다美的生活を論ず」(1901)라는 제목의 글에

---

2) 古川誠, 「『性欲』の確立問題」, 研究発表レジュメ, 1993.

3) 樺島忠夫他編, 『明治大正 新語俗語辞典』, 東京堂出版, 1984.

서 "인생에 있어 가장 즐거운 것은 필경 성욕의 만족
에 있다"며 성욕주의를 제창하였다.

여기서 성욕이라는 말은 "인성人性 본연의 요구",
즉 인간의 본능 전반, 혹은 본능적 욕망을 의미한
다. 나아가 조규는 도덕과 지식, 이성에 비해 연애
의 가치를 가볍게 여기는 경향을 지적하고 "소위

〈그림 3-4〉 다카야마 조규

만물의 영장이라는 인간은 그 동물적 본성을 폭로하는 것을 꺼려하여 자신
도 모르게 그 본연의 요구에 반하는 허위의 생활을 하고 있다"며 생식 본능
을 의미하는 "동물적 본성"과 성욕을 연결시켜 그것을 연애의 근본으로 삼
았다.

이어서 "연애는 미적 생활 가운데 가장 아름다운 것일까? 이 우환으로 가
득 찬 인생에서 서로 사랑하며 서로 연모하는 청춘 남녀가 (중략) 손을 맞잡
고 연정을 나눌 때의 즐거움을 과연 어디에 비할 수 있을까?" 또 "인생 본연
의 요구를 만족시킨다면 비록 빌어먹더라도 제왕帝王도 부럽지 않을 만큼 즐
거우리라. (중략) 나는 연애를 깨닫지 못하고 죽어간 사람의 인생이 가치 있
다고 믿지 않는다"라며 인간 본연의 요구가 바로 연애에 있음을 강조하였
다. 조규는 색욕이나 정욕이라는 진부한 말 대신 "동물의 본성"을 바탕으로
한 남녀의 연애 욕구를 성욕이라는 말로 표현하였다. 요컨대 「자연의 아이自
然の兒」(1901)라는 제목의 글에서는 성욕을 다음과 같이 설명한다.

이상하도다. 이 소중한 하사품을 우리 사회는 왜 멸시하는 것일까? 악마처럼 저
주하는 것도 아닐진대 이 말을 절대 입에 올리지 않는다. 설령 그들 마음속에 이
하사품을 품고 있다고 하더라도 그것을 감추거나 아니면 훔치기라도 한 것처럼
행동한다. 그리하여 모든 악명은 이 하사품이 덮어 쓰게 된다. 자칭 진리 외에

다른 것은 모른다는 과학이라는 자가 이름 붙여준 성욕, 아아 그들이 이 하사품
에게 부여한 가장 아름다운 칭찬이리라.

성욕이라는 말을 멸시하고 악마처럼 저주하거나 은폐하며 훔쳐온 물건처
럼 숨기려고만 하는 세태를 비유한 발언이다. 그런데 조규는 "그 성욕을 금
기시하고 혹은 애써 비하하는 자는 안색이 좋지 않고 눈에 총기가 없다"며
성욕에 소극적인 자를 비판하고, 이와 반대로 "성욕의 발로를 즐기는 자는
실로 천하의 더 없는 아름다움, 인생의 더 없는 즐거움을 느끼게 될 것이다.
성욕이 없는 곳에 아무런 인생의 가치가 없도다. (중략) 성욕이 동하는 곳,
들에는 봄기운이 완연하고 하늘에는 묘한 광채가 있으며, 사람에게는 애정
이 있고 천지와 인생이 이곳에서 비로소 아름다움을 얻게 될 것이다"라며 성
욕에 적극적인 자를 상찬하고 있다.

이제까지 성욕은 비천한 것, 더러운 것으로 치부되거나 강제로 억압하
고 비하하고 감추어야 하는 것으로 취급되어 왔던 부정적 이미지를 불식
하고 성욕을 매우 귀중한 하사품, 인생의 최고의 가치라며 극찬하고 있다.
성욕에 대해 이만큼 긍정적으로 표현한 자는 아마도 조규가 처음일 것이
다. 이 글을 발표한 이듬해인 1902년(메이지35) 조규는 세상을 떠난다. 그
리고 얼마 되지 않아 성욕을 둘러싼 담론이 급부상하면서 미디어를 장악
하게 된다. 성욕이 이렇듯 범람하게 될 줄은 조규 자신도 미처 알지 못했
을 터이다.

조규 보다 빠른 시기에 성욕을 성적 욕망의 의미로 사용한 자가 또 있다.
모리 오가이森鴎外, 1862~1922(〈그림 3-5〉)다. 그는 1895년(메이지29)「달맞이꽃
서月草叙」라는 제목의 글에서, "인간의 동물적인 면을 과장하여, 성욕 즉 열등
한 색기色氣를 유일한 원동력으로 살아가는 인물을 묘사하고자 하였다. 이른

바 병리病理를 시의 테마로 삼았다"라는 다소 거친 표현으로 성욕을 언급하였다.

19세기 프랑스 소설가 플로베르[4] 등 자연주의 작가 및 성과학자, 정신병리학자의 영향을 받아 일본 내에도 성욕에 관한 묘사가 나타나기 시작했다. 오가이가 「성욕잡설性慾雜說」(1902~1903)을 저술하는 데에 당시 최신 성과학

〈그림 3-5〉 모리 오가이

자나 정신병리학자들의 원서나 플로베르나 졸라,[5] 모파상[6] 등의 소설을 원문으로 읽고 참고한 듯하다.

오가이는 성욕을 "동물적인 면" 즉 동물적인 욕망, "열등한 색기"라고 설명하고 이것을 "병리"와 연결시키고 있다. 이러한 오가이의 성욕에 대한 정의는 새로운 개념이었지만 바로 유행하지는 않았다. 이것이 광범위하게 유포되는 것은 당시 저널리즘의 최첨단이라 할 수 있는 문학이라는 장치를 통해서이다.

---

4) 귀스타브 플로베르(Gustave Flaubert, 1821~1880): 프랑스 사실주의 문학의 창시자. 당대 부르주아 계층의 사생활을 사실주의적으로 묘사한 『보바리 부인 Madame Bovary』(1857)으로 주목 받음(역주).

5) 에밀 졸라(Émile Zola, 1840~1902): 프랑스 자연주의 문학운동의 창시자. 대표작으로는, 고급 창녀의 인생을 다룬 『나나 Nana』(1880)와 광산촌 노동자의 비참한 생활상을 폭로한 『제르미날Germinal』(1885) 등이 있음(역주).

6) 기 드 모파상(Guy de Maupassant, 1850~1893): 프랑스 사실주의 문학을 대표하는 작가. 플로베르와 졸라에게 수학하였으며, 단편 「비계덩어리Boul de Suif」를 비롯하여 『여자의 일생 Une Vie』, 『벨아미Bel─Ami』 등 다수의 작품을 남김(역주).

3. 『이불』의 충격

자연주의 문학의 출현

아마도 성욕이라는 말은 인간의 본능을 나
타내는 일반적인 의미로 사용되지는 않았던
듯하다. 그것이 성적인 본능이나 욕망을 나타
내는 의미로 사용되는 것은 1907년 무렵, 다
야마 가타이田山花袋, 1872~1930(〈그림 3-6〉)의
『이불蒲団』과 함께 자연주의가 출현하면서부
터라고 할 수 있다. 이 소설이 유행하자 성욕
이라는 말도 세간에 광범위하게 유포되었다.

〈그림 3-6〉 다야마 가타이

일반적으로 자연주의라 함은 자유연애나 애욕愛慾의 고백, 성해방을 주장
하는 문예운동을 의미한다. 그 대표적인 작품이 바로 『이불』이다. 『이불』
을 가장 먼저 평가한 사람은 시마무라 호게쓰島村抱月였다. 그는 1907년 잡지
『와세다문학早稲田文学』에 「'이불'을 평한다『蒲団』を評す」라는 제목의 평론을 게
재하였다. 여기서 호게쓰는 "육肉의 인간, 적나라한 인간의 대담한 참회록"
이라고 전제한 후, "참을 수 없는 인간의 야성의 목소리" "이성의 이면을 비
추어 자의식으로 가득 찬 현대인의 성격을 정면으로 응시하기 어려울 정도
로 적나라하게 대중들 앞에 내놓았다. 이것이 이 작품의 생명이자 가치"라
며 칭찬을 아끼지 않았다.

그러나 호게쓰는 성욕이라는 말을 직접적으로 언급하고 있지 않다. 문학
적인 말이 아니기 때문이었을까? "육의 인간"이라고 표현하거나 성욕을 "육"
이라는 말로 대신하고 있다. 호게쓰는 『이불』 안에서 루소나 톨스토이에 필

적하는 "적나라한 인간의 대담한 참회록"을 발견한다. 인간의 "이성의 이면"인 "야성", 즉 비이성을 양지로 끌어내어 "자의식으로 가득 찬 현대인의 성격", 즉 현대인의 '내면'을 철저하게 파헤치고 있다고 높이 평가한다. 인간의 감추어진 '내면'을 폭로하여 묘사하는 것이 곧 자연주의 문학의 진수라고 선언하고 근대 문학의 나아갈 방향을 제시하였다. 이후 '내면' 혹은 '내면의 소리'를 반영한 문학이 붐을 이루며 문학의 장場을 통해 작가 자신의 고백과 자성自省이 거리낌 없이 펼쳐졌다. 시마무라는 『이불』 안에서 루소나 톨스토이에 필적하는 "적나라한 인간의 대담한 참회록"을 발견한다.

『이불』이 발표된 이듬해인 1908년 이시카와 다쿠보쿠石川啄木는 "자연주의의 발달을 청춘들은 환영하였으나 중년 이상은 반기지 않았다. 이러한 현상을 보고 자연주의가 젊은이들의 적나라한 정욕 묘사라고 단정해서는 안 된다. (중략) 자연주의는 내 안에 보이는 자연의 모든 미망을 타파하고 모든 생명이 있는 것을 이끌어 내어 함께 '자연'으로 돌아가고자 하는 운동일 뿐[7]이라고 주장한다. 다쿠보쿠는 노골적인 정욕 묘사로 풍기문란이라는 비난을 면치 못했던 다야마 가타이의 『이불』과 자연주의 풍조를 옹호하고 있는 것이다. 이후 「시대폐색 현상時代閉塞の現狀」(1910)이라는 글에서는 자연주의라면 선정적인 묘사에만 치중할 것이 아니라 국가나 강압적인 사회에 대해서도 비판할 줄 알아야 한다고 주장한다.

다야마 가타이는 『도쿄 삼십년東京の三十年』(1917)에서 "다행히 나는 외국 특히 유럽의 새로운 사조를 불완전하게나마 독서를 통해 얻을 수 있었다. 톨스토이, 입센, 스트린드 베르히, 니체와 같은 이들의 사조 안에는 세기말적 고통이 유감없이 표현되어 있는 듯하다. 나 역시 고통의 길을 선택하고자 결

---

7) 石川啄木, 「卓上一枝」(1908), 『啄木全集4』, 筑摩書房, 1967.

심했다. 세상에 맞서 싸우는 동시에 내 자신과도 용감하게 맞서 싸우리라. 숨겨 두었던 것, 덮어놓고 가려놓았던 것, 그리고 솔직하게 털어놓으면 정신이 파괴되어 버릴 것 같은 것, 그러한 것을 펼쳐 드러내 보이고 싶었다"라며 서양 소설과 사상에 경도되었던 청년 시절을 회고하고 있다.

동시대 대부분의 지식인들은 『이불』과 자연주의와 자연주의 문학에 비판적이었다. 그럼에도 불구하고 자신을 파멸로 몰아가며 토로했던 "육욕적 인간, 적나라한 인간의 대담한 참회록"은 에도 시대의 에혼艷本에 견줄만한 새로운 포르노그래피로 젊은이들에게 많은 사랑을 받았다. 다야마 가타이로 대표되는 자연주의는 단순한 문학운동의 영역을 넘어 구시대 관습과 인습의 타파, 자아 확립, 가족주의 부정, 그리고 본능 만족주의를 주장하는 사회 사조로 정착되어 갔다.

성욕의 시대가 낳은 문제들

그렇다면 『이불』 안에 그려진 성욕이 '내면' 문제와 어떻게 맞물리는지 살펴보자. 줄거리는 아주 단순하다. 주인공 도키오時雄는 소설가이고 나이는 36세. 그의 문하생 요시코芳子는 20세로 도키오의 집에 기숙하며 소설가의 꿈을 키운다. 그러던 요시코가 신학을 공부하는 젊은 남자와 사랑에 빠지게 된다. 이를 눈치 챈 도키오가 요시코의 부모에게 이 사실을 알리고 그녀를 다시 고향으로 내려 보낸다는 내용이다.

이 소설에는 1910년대에서 1940년대에 걸쳐 성욕과 함께 '성욕의 시대'를 아우르는 키워드가 도처에 널려 있다. 영혼과 육체, 연애, 처녀, 절조(정조·순결), 번민, 혈통이 그것이다. '성욕의 시대'를 이루었던 대부분의 문제를 나타내고 있다고 말할 수 있을 것이다.

가타이는 성욕을 당시의 일반적인 의미가 아닌 오늘날에 가까운 성적 욕망을 나타내는 말로 사용하고 있다. 『머리카락髮』(1912)에서도 "본능instinct 때문에 생겨난 고민"이라는 표현을 사용하여 본능을 성욕과 같은 의미로 인식하였다. 이러한 의미에서 성욕이라는 말이 처음 사용된 것은 『이불』이 간행된 1907년 무렵이라고 할 수 있다. 그 이전에는 대부분 본능, 특히 선천적인 욕망 전반을 의미하였다. 이 본능이라는 말에 점차 성적인 의미가 덧칠되었던 것이다.

가타이는 『이불』에서 당시로서는 가장 진보적인 성욕관을 전개했다. 그는 성욕은 '육肉'에 속하며, 반면 연애 그것도 "신성한 연애"는 '영靈'에 속한다고 말한다. "신성한 영의 연애"라는 표현으로 더 이상 "연애는 더러운 것"이 아니게 되었다. 단 성행위가 개입될 경우 "육의 사랑" "육의 연애"가 되며 '죄'를 범하는 것이라고 말한다. 그리고 미혼 여성의 경우는 "정조를 잃은 것"이며 더 이상 "처녀가 아니"라고 단언한다.

도키오도 요시코가 연애하는 것을 눈치 채고 편지를 훔쳐보는 장면에서 "키스의 흔적, 성욕의 흔적이 어딘가 있을 것"이라며 성행위의 흔적을 찾고자 애쓴다. 영혼과 육체를 대립시키고 성욕 개입 여부에 따라 '신성한 연애'와 '부정한 연애'로 나눈다. 성욕=육욕, 영혼=정신이라는 대립구도가 명확하게 배치되고 있는 것이다.

음침한 상상력

요시코가 고향으로 돌아가기로 결정되자 도키오는 번민에 휩싸인다. 도키오는 요시코가 그녀의 애인에게 영혼과 육체를 모두 빼앗겨버렸다는 사실을 눈치 채고, "처녀의 정조 따위 애초부터 존중해주지 말아야 했다. 나도 대담하게 손을 뻗어 성욕을 만족시키면 그만이었을 것"이라며 분해한다. 요시코를 매춘부 취급하며 망상 속에서나마 성욕을 한껏 분출시키고 있는 것이다.

그는 요시코의 편지 내용 가운데 "소녀가 남자에게 몸을 맡긴 채 흐느끼는 장면"을 읽고 모파상의 소설 『아버지』를 연상한다. "음침한 상상력"과 "음침한 상상력에 저항하는 힘"이 격렬하게 대항하면서 도키오의 고뇌와 번민은 거듭된다.

무릇 성욕이라는 것은 내면의 "음침한 상상력"을 촉진하는 힘, 비이성, 혹은 "음침한 상상력"에서 비롯된다. 소설이나 포르노그래피라는 상상 혹은 관념의 소산으로서 성욕이 묘사되고 있으며, 이를 매개로 성욕이라는 정동情動 혹은 생리적 욕구를 분출시키고 있다. 그리고 상상이나 관념의 소산인 성욕이 충족되지 못할 경우 번민하는 사태가 벌어지게 되는 것이다. 이처럼 인간의 내면에 존재하는 "음침한 상상력"을 환기시키는 욕망이 바로 성욕인 것이다.

다야마 가타이는 아마도 남자가 성욕을 느끼는 것은 자연스러운 육체적 욕망이라고 생각했던 듯하다. 이 자연스러움이란 자연주의와 마찬가지로 '문화'를 배제한 혹은 '문화'와 대립하는 다분히 이념적인 것이었다. 그러나 성욕은 '육욕'이나 '수욕獸慾'과 같은 부정적인 가치로만 인식되어 성욕이 왕성한 것에 대해 떳떳치 못한 느낌을 갖게 하였다.

요시코가 고향으로 내려간 후 그녀에 대한 그리움을 참지 못하고 그녀의 머릿기름과 땀 냄새가 베인 이불과 더러워진 잠옷 깃에 얼굴을 묻으며 "성욕과 비애와 절망"을 느끼는 장면은 『이불』의 클라이맥스라 할 수 있다. 이러한 페티시즘 성향은 성욕이라는 개념을 통해 드러난 내면적 상상력의 소산이다.

이 마지막 장면은 도키오가 자신의 충족되지 못한 성욕을 자위를 통해 해소하였음 암시하고 있다. 그 행위는 "음침한 상상력" 성욕으로 환기되고 있다. 소설 속에서의 성욕은 개인의 내면을 지배하며 일그러지고 도착된 형태로 나타나고 있다.

성욕의 자제와 은폐

자연주의를 대표하는 키워드는 자유연애와 성해방이었다. 그런데 『이불』에서는 "정욕"을 적나라하게 묘사하고 있으나 주인공 도키오는 사랑하는 요시코의 '보호자' 역할에 머물고 있다. 요시코에게 자신의 마음을 고백하지도 못한 것은 물론 성욕을 충족시키지도 못하였다. 그저 고뇌하고 번민하며 비애와 절망과 성욕이 분출하는 가운데 페티시즘을 탐닉하기만 한다.

이 소설은 어떤 면에서 성욕의 자기억제를 테마로 한 것으로도 읽혀질 수 있다. 성욕 혹은 섹슈얼리티를 억제하고 은폐하는 것이 당시 가족—가정의 한 단면임을 드러내는 것이다.

도키오에게는 아내와 세 명의 아이들이 있다. 아내는 온순함과 정조 빼고는 어느 것 하나 내세울 것이 없는 구식 여성이다. 도키오는 그런 아내에게 염증을 느끼고 있었다. "아내와 아이가 있어 행복한 가정이라고 사람들은 말하지만 그것이 무슨 의미가 있겠는가. 아이를 위해서 사는 아내는 과연 생존의 의미가 있을까? 아내를 아이에게 빼앗기고 아이를 아내에게 빼앗긴 남편이 어찌 적막하지 않겠는가?"라며 외로움을 호소한다.

남편과 아내와 아이로 구성된 가정, 그것이 일반적적으로 말하는 '가정의 행복'이지만, 아내가 아이 때문에 산다고 믿는 남편은 육아 일체를 아내의 몫으로 떠넘겨 버린다. 그리고 아내는 아이에게, 아이는 아내에게 독점 당했다고 생각한다. 밤이 되자 아이들과 함께 깊이 잠들어 버리는 아내. 이것은 자신에 대한 애정의 부재, 가정에서 자신이 설 자리가 부재함을 한탄하는 것이리라. 아니면 섹슈얼리티의 결여를 한탄하는 것일지 모른다. 섹슈얼리티의 은폐, 성욕의 자기억제에 남편도 아내도 기여하고 있는 것이다. 위풍당당한 엄한 아버지, 자애롭고 정숙한 어머니는 적어도 표면적으로는 각자의 일에 전념하고 있는 것처럼 보인다.

남편이나 아내나 자신의 성욕을 은폐하고 억제하고 있는 것이다. "요시코 때문이 아니라 가정에서 오는 쓸쓸함이 더 크다. 35, 6살의 남자가 느끼는 생활의 고통, 사업에 대한 번민, 성욕으로 인한 불만족 등이 상당한 힘으로 그의 가슴을 짓눌렀다"라는 표현에서 도키오의 번민을 읽을 수 있다. 이것은 곧 아내의 번민이기도 했을 터이다.

한편 요시코는 밝고 명랑한 성격을 지녔으며 요즘 유행하는 서양풍의 히사시가미庇髪를 하고 화려한 장신구로 아름다운 자태를 뽐낸다. 요시코의 외모는 구식 머리모양인 마루마게丸髷를 하고 오리처럼 뒤뚱거리며 걷는 아내와는 여러 모로 대비되었다. "신사상"을 익히고 "교육받은 신여성" 그리고 "말로 형용할 수 없는 향수 향기, 육체의 향기, 여자의 향기"를 풍기는 여학교를 막 졸업한 19세 여성. 그녀가 바로 요시코였다. 오리처럼 뒤뚱거리고 감정 표현이 단순하기 그지없는 아내와는 전혀 다른 모습이었다.

요시코의 등장으로 남편이나 아내나 섹슈얼리티의 혼란에 휩싸인다. 혹은 상상력의 소산인 성욕에 직면한다. 성욕은 고뇌였다. 매사에 순종적이던 아내는 여전히 남편의 말에 순종적이긴 하지만 요시코가 온 후로 안색이 안좋아지고 불안한 기색이 역력해 졌다. 이 모든 사태는 섹슈얼리티가 범람하게 되었기 때문이다. 아내는 친척에게 자신의 고민을 털어 놓고 자신의 심정을 남편에게 전해달라고 부탁한다. 궁여지책으로 '침입자' 요시코를 아내의 언니 집에 당분간 머물게 하기도 했다. 그 와중에 "요시코 때문인지 도키오 씨 모습이 완전히 변했어요. 둘이 대화하는 모습을 보면 두 사람의 영혼이 통하는 것처럼 보여요. 정말 마음을 놓을 수 없겠어요"라며 아내의 속을 긁어 놓는 여자도 있었다.

남편은 스승으로 계속 남고 싶었고, 아내는 자신이 질투 많은 여자로 간주되기 싫어 성욕을 자제하고 은폐한다. 『이불』은 젊고 아름다운 여성이 남편과 아내 사이에 개입하면서 '성性가족'의 문제점이 노출되는 매우 특수한 경우라고 할 수 있다. 이 보다는 아이의 탄생이 '성性가족'의 문제를 야기하는 경우가 많았다. 아이 역시 남녀 관계를 방해하는 침입자이기는 마찬가지기 때문이다.

『이불』은 성욕이 인생에 가장 강력한 영향력을 미친다는 사실을 "젊은 정욕의 적나라한 묘사"를 통해 양지로 끌어내었다. 뿐만 아니라 성욕을 개인의 내면 문제로 자리매김하고 이것을 자제하고 은폐하도록 훈련하는 '성性가족'의 탄생을 예고하는 소설이기도 하다.

4. 성욕의 사회화와 의학화

후타바테이 시메이의 성욕론

『이불』과 같은 해에 후타바테이 시메이二葉亭四迷, 1864~1909의 『평범平凡』(1907)이 간행되었다. 시메이 역시 비판적이긴 하나 가타이와 같은 의미로 성욕이라는 말을 사용하고 있다. 그는 "우리 사랑의 본체는 언제나 성욕이다. 성욕은 고상한 것은 아니지만 그렇다고 저질스러운 것도 아니다. 중성이다. 어느 한 쪽에 치우치지 않은 보편적인 것(indifferent)이다. 우리의 사랑이 저질스럽게 보이는 것은 그러한 성격이 반영된 것일 뿐 본체의 성욕이 저질스러운 것은 아니다"라고 주장하며, 당시 유행하던『이불』류의 연애론과 성욕론을 야유하고 비판하였다. 시메이에 따르면 성욕이라는 관념이 생기기 시작하면서 연애라는 감정이 생겨났다고 한다. 연애를 "고상한 정신적인 것"으로 신성시하고, 성욕을 "저질스러운 것"으로 저속하게 여기는 것은 관념에 얽매인 사람들의 사고라며 비판한다. 연애는 고상하고 정신적인 것이며, 성욕은 저속하며 육체적인 것이라고 대립시켜 갈등인지 고뇌인지 번민인지를 장황하게 늘어놓거나 관념으로 점철된 고상한 취미의 문학에 대한 혐오를 나타내고 있다. 성욕을 저급한 것으로 취급하는 사회 분위기 또한 경멸하였다.

성욕을 저급한 것으로 경멸하는 문학(가)의 담론은 성욕을 저열한 것으로 문제시하는 사회의 담론의 장場을 이끌어 갔다. 그리고 문학적 현상으로 이야기되던 성욕은 점차 사회현상으로 이야기되어 간다.

개인의 내면 문제로 성욕을 묘사한 '성욕의 문학화'와 동시에 남녀의 도덕적 불감증을 사회에 만연한 성욕 탓으로 돌리는 '성욕의 사회화' 현상이 일어난 것이다. 그것은 "성욕이 맹렬하게 꿈틀대는" 청춘남녀의 중요한 문제로 부상하기 시작한다.

자연주의의 체현자, 데바카메出歯亀

다야마 가타이는 '성욕의 시대'의 개막을 예고하며 내면의 관점에서 성욕을 다루었다. 또한 후타바테이 시메이는 이것을 패러디하여 '성욕의 시대'는 성욕이라는 관념에 사로잡힌 정신적 산물이라고 비판하였다. 어찌 되었든 성욕은 개인의 내면과 주체를 이야기하는 문학의 좋은 테마가 되었으며 이와 동시에 사회적 테마로 특권화되었다. 성욕을 테마로 하는 자연주의는 문학과 사회를 두루 섭렵해 갔으며, 자연주의와 성욕이 결합하여 일종의 사회 현상으로 전파되어 나간 것이다.

우치다 로안內田魯庵, 1868-1929(〈그림 3-7〉)은 자연주의의 출현을 평가하면서도 자연주의 작가들이 "아무 짝에도 쓸 없는 성욕의 비사秘事를 묘사하고는 의기양양해 하고 있다"고 비판하였다.[8] 이어서 "자연주의를 외설과 동의어로 생각하거나 데바카메를 자연주의의 체현으로 보는 것은 일본사회의 무학무식無學無識을 증명하는 것"이라며 자연주의에 대한 저속한 이해를 비판하고 있다. 이것은 곧 당시 자연주의=외설, 자연주의를 체현하는 자=데바카메라는 이른바 포르노그래피로 받아들여졌음을 의미한다.

〈그림 3-7〉 우치다 로안

로안의 주장처럼 '데바카메'가 '자연주의의 체현'으로 간주되는 현상, 즉 데바카메와 자연주의의 기묘한 야합은 대체 어떻게 생겨났을까? 오늘날에도 여자 화장실이나 탈의실에 몰래 카메라를 설치하는 등 새로운 '데바카메'들이 존재하지만 이들에게 특정한 명칭을 붙이지는 않는다. 데바카메는 자연주의와 성욕의 사회화와 불가분의 관계에 있었다고 할 수 있다. 데바카메가 탄생하게 된 배경을 조금 더 구체적으로 살펴보도록 하자.

데바카메주의出齒亀主義

이시이 겐도石井研堂는 『메이지사물기원明治事物起源』(增補改訂版, 1969)에서

---

8) 内田魯庵, 「近代の小説に就いて」, 『イカモノ』, 金尾文淵堂, 1909.

'데바카메'의 어원을 다음과 같이 기술하고 있다.

> 정원사 이케다 가메타로池田亀太郎(25세)는 뻐드렁니를 가져 데바카메出歯亀라
> 는 별명이 붙었다. 그는 훔쳐보기를 좋아하는 색정광이다. 메이지 41년 3월 22
> 일, 니시오쿠보西大久保 39번지에 거주하는 고다 교幸田恭의 아내(28살)가 이
> 마을 54번지 목욕탕 앞에서 어떤 자에게 살해당하였는데, 다음 달 5일이 되어서
> 야 가메타로의 소행이라는 것이 밝혀졌다. 이 사건을 계기로 목욕탕을 훔쳐보는
> 것을 속칭 '데바카메'라고 표현하게 되었다.

한 사람의 별명이 보통명사로 유포되었던 특이한 케이스인 것이다. 1908
년에 뻐드렁니라는 의미의 '데바카메'라는 별명을 가진 이케다 가메타로가
부녀자 폭행치사 사건으로 체포되었다는 소식이 신문지상에 연일 떠들썩하
게 보도되었다. 그런데 정작 가메타로는 재판에서 범행 일체를 부인했다고
한다. 이 글의 관심은 이 사건의 진위 여부보다는 왜 그토록 동시대인들의
관심을 끌었는가에 있다.

이케다 가메타로는 체포되자 곧 범행 일체를 자백하였다. 신문에서는 그
의 별명인 데바카메를 사용해 앞 다투어 보도하기 시작했고 부녀자 폭행살
인 사건은 데바카메 사건으로 대중들에게 각인되었다. 같은 시기에 발생한
다른 성범죄자들도 데바카메로 불리어졌다. 이케다 가메타로의 별명은 곧
성범죄자를 대표하는 기호가 되었고 '성욕의 비사秘事'를 묘사하는 자연주의
와 결탁되어 갔다.[9] 자연주의의 '성욕의 사회화'라는 추세와 맞물려 데바카
메는 그 상징적인 존재로 자리매김되었다고 할 수 있다.

후타바테이 시메이는 『평범』 안에서 "중성적인 성욕을 무리하게 부자연스
러운 병적인 것으로 치부하거나 크래프트 어빙의 책에 보이는 것처럼 색정광

---

9) 金子明雄, 「メディアの中の死」, 『文学』 5−3, 1994.

이라고 상상해 버리고 혼자 고상한 척한다"고 비판하였다. 데바카메는 당시 크래프트 어빙Richard Freiherr von Krafft Ebing, 1840~1902의 *Psychopathia Sexualis*(法医学協会編 訳, 『色情狂篇』, 1894)이나 알프레드 헤가르Ernest Ludwig Alfred Hegar, 1830~1914의 *Gesellschaft für Rassenhygiene*(緒方正清 訳, 『社会的色欲論』, 1899)의 번역서에 등장하는 '색정광'의 일본버전이었던 것이다.

오스기 사카에大杉栄(〈그림 3-8〉)는 1908년 아카하타赤旗 사건[10]으로 이치가야市ヶ谷 감옥에 투옥되었을 때, 세상을 떠들썩하게 한 '데바카메'의 주인공 이케다와 만난 적이 있는데, 그는 『자서전』(1923)에서 이케다를 이렇게 회고하였다. 이케다는 "그렇게 심한 뻐드렁니처럼 보이지 않았다. 그는 항상 초라한 모습으로 등을 구부정하게 하고 싱글벙글 웃으면서 종종걸음으로 뛰듯이 걸었다. 그리고 모두에게 '야, 데바카메'라고 조롱당하면서도 언제나 싱글벙글 웃고 있었다. 형이 확정되자 "어이, 데바카메, 몇 년 먹었냐?"라고 묻는 간수에게도 히죽히죽 웃으며 "무기징역이요"라고 천진하게 대답했다고 한다. 오스기의 말에서 흥미로운 것은 이케다의 이가 그렇게 심하게 돌출되지 않았다고 하는 점이다. 미디어가 이케다의 이미지를 제멋대로 날조하여 사회적으로 부풀려 간 것이다.

〈그림 3-8〉 오스기 사카에

그리고 이케다는 본의 아니게 "성욕의 비사秘事"를 그리는 "자연주의 체현자"가 되었다. "데바카메주의出歯亀主義"라는 말은 처음에는 자연주의를 야유

---

10) 1908년(메이지41) 6월 22일에 일어난 사회주의자 탄압 사건(역주).

하는 말로 사용되었지만 거꾸로 자연주의를 세간에 널리 확산시키는 데에 일조했다고도 할 수 있다. 성욕을 매개로 자연주의와 데바카메가 융합하여 '성욕의 문학화' '성욕의 사회화'를 파급시켜간 것이다.

청년들의 번민

'성욕의 문학화'와 '성욕의 사회화'를 동시에 체현한 또 다른 사건이 데바카메 사건과 같은 시기에 일어났다. 히라쓰카 라이쵸平塚らいてう와 모리타 소헤이森田草平, 1881-1949의 정사미수情死未遂 사건이 그것이다.[11] 이 사건으로 성욕이라는 말은 세간에 확실하게 자리매김하게 되었다. 두 남녀가 사건을 일으킨 배경에는 '번민'으로 인한 자살의 유행이라는 사회적 병폐가 자리하고 있었다.

1903년(메이지36)에 후지무라 미사오藤村操가 화엄華嚴폭포에 투신 자살한 것을 계기로 학생들의 자살이 급증하였다. 러일전쟁기의 호황이 끝나자 국력은 피폐해지고 정체된 공기로 사회는 무겁게 가라앉았다. 청년들

〈그림 3-9〉 도쿠토미 소호

은 내향적 성향을 갖게 되었고 전쟁 전과 같이 철학적인 문제에 몰두하게 되었다. 청년 도쿠토미 소호德富蘇峰, 1863-1957(〈그림 3-9〉)는 "내가 매우 유감스럽게 생각하는 것은 바로 우국憂國 혹은 애국정신이 부족한 것"이라며 한탄했다. 소호는 요즘 청년들이 인생의 기로에 서있다고 우울해 하고 우주에 있어 인

---

11) 1908년(메이지41) 3월, 신여성으로 주목 받던 히라쓰카 라이쵸와 나쓰메 소세키의 문하생 모리타 소헤이가 일으킨 정사미수 사건. 젊은 청춘남녀 그것도 엘리트 출신이 일으킨 연애 사건으로 당시 큰 화제가 되었다. 소헤이는 소세키의 권유로 이 사건을 소재로 한 소설『바이엔 煤煙』을『아사히신문』에 연재하기도 하였다. 시오바라塩原 사건 혹은 바이엔 사건이라고도 불림(역주).

간의 위치가 어디인지를 묻는 것과 같이 매우 막연하고 고원한 일에 매달리는 것을 이해하지 못하였다.[12] 1908년은 그야말로 염세厭世, 비관 자살과 회의懷疑자살, 동반자살이 유행처럼 번져간 시기였다. 우치다 로안은 자살의 원인에 대해 "최근 3년 간 불완전한 통계이지만 자살자가 많다고 한다. 한편에서는 사상계에 염세사상과 회의사상이 만연했기 때문이라고 하는데 왠지 꺼림칙하다"[13]라는 분석을 내놓았다. 청년들의 번민이 다시 시작된 것이리라.

이와 병행하여 청년들의 "불건전한"[14] 풍조가 러일전쟁 이후 만연하였다. 1905년 『중앙공론』에는 아베 이소오安部磯雄를 필두로 하여 「남녀 학생 교제론男女學生交際論」을 논하며 학생들에게 건전한 교제와 절도 있는 연애를 하라고 충고하고 있다. 남녀 교제나 연애에서도 번민이 분출하고 자살이나 정사 사건이 청소년 문제로 대두되면서 청년들의 '성욕문제'가 수면 위로 부상하였고 화류병(성병)의 만연도 문제가 되었다.(〈그림 3-10〉)

The suppression of obscene publications.

〈그림 3-10〉 외설 단속을 풍자한 삽화(『東京パック』 1권 4호, 1905)

---

12) 德富蘇峰, 「当今の靑年と社会の気風」, 『中央公論』20−1, 1905.

13) 內田魯庵, 「自殺について」(1908), 『內田魯庵全集 6』, ゆまに書房, 1984.

14) 美中天, 「所謂健全不健全」, 『中央公論』20−2, 1905.

성욕 만족주의

히라쓰카 라이쵸와 모리타 소헤이의 정사 미수 사건은 이처럼 번민과 불건전한 풍조를 배경으로 일어났다. 라이쵸는 도쿄여자고등사범학교 부속 고등여자학교(현 오차노미즈여학교お茶の水女学校)와 일본여자대학을 졸업한 좋은 집안(회계검사원 과장)의 딸이었고, 소헤이는 제국대학을 졸업한 문학사로 나쓰메 소세키의 문하생이자 신진 소설가였다. 이 두 엘리트들의 정사 미수 사건은 매스컴을 떠들썩하게 하였다.

가네코 아키오金子明雄의 분석에 따르면, 라이쵸의 실종 사실이 보도되자 문학을 좋아하는 미인이 결혼 강요를 피해 염세 자살을 꾀한 것이라며 추측성 보도를 내놓았다. 실제로 닛코日光 주변을 수색하기도 했다고 한다. 후지무라 미사오의 자살 이후 자살 명소로 알려진 화엄폭포를 떠올렸기 때문일 것이다. 얼마 되지 않아 라이쵸가 소헤이와 함께 도치기栃木현 시오바라에 있다는 소식이 전해지자 매스컴의 논조는 일변한다. 이들을 불건전한 남녀 관계로 규정하고, 화엄폭포에 투신할 각오도 없이 「치정의 가출」, 「지금은 하이칼라들의 여행 시대」 등과 같이 청년들의 불건전한 교제에 초점을 맞춘 보도로 흘러넘쳤다.

청년의 불건전함이라는 것은 바로 성욕 문제였던 것이다. 따라서 이 사건은 쉽게 자연주의 담론과 연동해 갔다. 『도쿄아사히신문』(1908.3.25)은 「자연주의의 고조」라는 제목의 글에서, 이 사건이 자연주의와 성욕 만족주의를 대표하는 진기한 사건이라고 보도하였다. 또한 「문학사의 정사(미수), 정부情夫는 문학사이며 소설가, 정부情婦는 여자대학졸업생, 대단한 러브의 신성을 발휘함」이라는 긴 제목의 글을 통해 자연주의와 성욕 만족주의 폐단을 지적하기도 하였다.

가네코 아키오는 이 사건 이후 청년들의 성적인 행동과 자연주의라는 기호가 더욱 견고해졌고 자연주의는 그야말로 청춘남녀 특히 여성을 성적 행동으로 치닫게 하였고 때로는 죽음으로 몰고 가기도 했음을 지적하였다. 매스컴에서는 성욕이라는 말을 사용하여 자연주의를 '성욕 만족주의'라고 명명하였다.

바야흐로 '성욕의 시대'는 청년들의 섹슈얼리티를 유발하는 자연주의의 일종의 사회현상이 되었다. 그리고 그 출발점은 데바카메 사건과 정사미수 사건이 열었다고 할 수 있을 것이다. 이때 성욕이라는 말은 매스컴을 통해 일거에 시민권을 획득하였고 사람들은 여기에 속박 당하게 되었다. 즉 성욕이라는 '음침한 상상력'에 자신의 내면이 사로잡히게 되고, 내면에서 성욕을 발굴해내어 스스로 건전함과 건전하지 않음을 조절해야 하는 '성욕의 문학화'와 '성욕의 사회화' 시대가 도래 한 것이다.

정체를 알 수 없는 욕망

성욕이 통속적인 말로 변화해 간 것은 자연주의 소설과 문학적·엽기적인 사건이나 스캔들의 영향만은 아니었다. 다른 하나는 섹슈얼로지 서적과 의학서적, 특히 산부인과의 통속적인 의학서가 유포되었던 것과도 관련이 있다. 산부인과 의사 오가타 마사키요緖方正清, 1864-1919가 집필한 『부인 가정위생학婦人家政衛生學』(초판 1907년, 증보판 1916년)은 그 중 하나이다.

이 책은 신문에 게재되었던 가정위생이나 여성문제에 관한 기사를 하나로 묶어 편찬한 것으로, 요미가나를 달아 읽기 쉽게 하여 기혼여성을 주요 독자 대상으로 삼았다. 그러나 고등여학교를 졸업한 여성이나 중학교를 졸업한 남성들 사이에서도 적지 않게 읽혀졌던 듯하다. 섹슈얼로지 관련 도서는 젊은 남녀가 새로운 지식에 대한 호기심을 충족시키기 위해 찾는 경우가 상당히 많았던 것이다.

『부인 가정 위생학』은 『이불』이나 『평범』과 같은 해에 출판되었지만 시기적으로 조금 앞섰기 때문에 가타이나 시메이 모두 오가타의 책과 신문기사를 접했을 터였다. 이 책은 남녀의 생리학적·해부학적 설명에서부터 여성의 유년기, 사춘기(청춘기), 결혼기, 갱년기에 이르는 시기를 다루고 있다. 특히 결혼기의 임신과 출산을 설명하는 부분에는 서양사상의 영향이 엿보인다. 이를 테면 「개인의 자유 성욕의 요구」, 「급진적 자연주의」, 「방종불기放縱不羈한 생활」, 「절조 및 도의의 퇴폐, 성욕적 불건전, 그리고 화류병 만연」 등의 논의와 사춘기의 성욕 특히 자위에 관한 기술에 많은 페이지를 할애하고 있다. 이 밖에도 「성욕교육과 가정」, 「여자의 수음手淫」, 「수음의 예방」과 같은 주제를 다룬 장도 있다.

여기서 주장하는 것은 가정에서 부모가 아이들의 자위를 감시해야 하며 청춘 남녀의 성욕을 억제하도록 훈련시켜야 한다는 것이다. 즉 성욕의 자기억제와 자기관리가 필요하다는 것이다. 이렇게 함으로써 정신과 신체를 컨트롤할 수 있게 된다는 것이다. 오가타는 "이성에 대한 육체 접촉과 교접의 욕망을 성욕 혹은 색욕"이라고 정의하였다. 오가타의 경우 성욕이라는 말과 색욕이라는 말을 함께 사용하고 있는데 이에 관한 자세한 언급은 되어 있지 않다. 그러나 이 성욕을 의학적 관점에서 해석하여 신체와 육체를 병들게 하는 주요 요인으로 보고 있음은 분명하다. 이를테면 "현대 학자들은 수음을 신경병이나 정신병의 원인으로 단정"하고 있으며, "아무리 발달된 의료 기술로도 치료가 불가능하여 비참한 상황에 직면"하게 된다고 기술한 것으로 미루어 보아 당시 성욕을 매우 위험시하고 있었음을 알 수 있다.

통속적 섹슈얼로지

그런데 통속적 섹슈얼로지 관련 서적은 『부인가정위생학』이 출판되기 이전인 문명개화기 무렵부터 출판되고 있었다. 앞서 언급한 제임스 아스톤이 저술하고 지바 시게루가 역술한 『통속조화기론』(1876)이 그것이다. 1887년(메이지 20)에 에드워드 후트가 저술한 같은 제목의 『통속조화기론』과 합본되어 메이지 말까지 출판되었다. 문명개화기부터 출판된 이들 섹슈얼로지 서적들은, 남녀 성기를 생리학적으로 해부하고, 과도한 방사와 수음을 경계하며, 보다 좋은 부부생활을 영위하여 건강한 아이를 출산하기 위한 매뉴얼이었다.

이들 서적 안에는 성욕이라는 단어는 등장하지 않는다. 『통속조화기론』에는 색정, 성욕, 음욕과 같은 단어가 등장한다. 다른 개화기 섹슈얼로지에는 음(색), 정욕, 욕념, 정념(색정)과 같은 단어를 사용하고 있다. 근세 이래의 '색'의 개념을 그대로 계승한 것으로 보인다. 이 색과 색정을 어느 정도 발휘하는 것이 좋으며 그 방법은 무엇인지를 문제 삼았고, 그 자체에 대한 좋고 나쁨을 논하고 있지는 않다. 자위의 경우도 대부분 신체의 건강을 이유로 해악시하고 있지 그것을 윤리적인 문제로 비난하지는 않았다.

문명개화기 이래 계몽 사상가 혹은 출판업자에 의해 출판되었던 섹슈얼로지 서적은 메이지 40년 무렵이 되면 사라진다. 이를 대신하여 산부인과 의사와 성과학자(성욕학자)와 같은 전문가들이 집필한 섹슈얼로지 서적이 간행되었다. 슈킨秋琴의 『위생 신서 여의사衛生新書女医者』(1902)도 그 중 하나이다. 이 책은 『니로쿠신보二六新報』에 연재되었던 위생이나 의학에 관한 상담 기사를 모은 것으로 크게 유행하였다. 이러한 인기에 힘입어 『속 여의사續女医者』, 『신 여의사新女医者』가 간행되었다. 이 안에서도 문명개화기의 섹슈얼로지와 마찬가지로 과도한 방사와 수음의 해악을 경고하고 일부일처제를 기반으로 한 성행위를 주장하였다.[15] 수음에 관해서는, 수음 및 교접으로 인해 신체가 허약해지고 기억력이 감퇴되었는데 심신의 건강을 되찾기 위해 어떤 영양소를 취하면 좋을지, 수음 때문인지 16살이 되었는데도 아직 월경이 없는데 어떻게 치료해야 하는지, 수음으로 음낭이 박피되었는데 치료 방법은 없는지를 묻는 등 다양한 질문이 쇄도하였다. 이에 슈킨 여사는 "한창 성욕이 왕성한 청년기에는 정욕을 억제하기 힘들며, 해악을 야기하여 교접의 쾌락을 느끼지 못하게 된다. 신체가 허약해져 미래를 이끌어갈 대국민으로서 성취감을 이루지 못하게 될 것"이라고 답하고 있다. 문명개화기의 섹슈얼로지 '조화기론'의 영향으로 자위의 '해악'이 청년층을 중심으로 유포되었던 것이다.

미야타케 가이코쓰宮武外骨는 『곳케이신문滑稽新聞』(1906)에서 슈킨 여사의 『위생 신서 여의사』를 언급하며, 수음의 유해성을 알리는 것은 좋지만 방법까지 세세하게 기록하여 오히려 음란함을 조장하고 있으며 위생을 사칭한 협잡한 책이라고 비판하였다.

성욕이라는 말은 『위생 신서 여의사』에서는 사용되고 있지 않다. 대신 색욕이라는 단어를 사용하고 있는데, 이것도 "인류 번식 상 꼭 필요하며 실로 하늘이 내려준 도덕적 자연능력"이라며 번식을 위한 일에 한정하고 있다. 여기서는 성적 욕구를 당연한 것으로 받아들여 이른바 '자연적인 것'으로 간주하여 거의 문제 삼지 않았다. 성적인 욕망을 개인의 내면적이고 주체적인 것으로 간주하고 성행위를 개인적인 것으로 규정해 간 데에는 성욕이라는 개념의 출현과 밀접한 관련이 있다.

---

15) 成田龍一, 「『性』の跳梁」, 脇田晴子・S・B・ハンレー編, 『ジェンダーの日本史 上』, 東京大学出版会, 1995.

오가타 마사키요의 『부인가정위생학』에 "인류 성욕의 요약은 오로지 생식에 있다"고 기술되어 있다. 즉 생식을 목적으로 한 성욕은 모두 자연적인 성욕이라며 모든 성욕을 배제하지 않았다. 그러나 "방사음행"과 같이 생식을 위한 것이 아닐 경우는 "야비한 성욕"이며 "부자연스러운 성욕"이라고 부정하였다. 성욕은 고상/야비, 자연스러움/부자연스러움과 같은 이항대립의 가치 기준이 작동하게 되면서, 개인의 내면적인 규범과 규율을 통해 스스로가 조절해야 되었다. 오가타는 이처럼 내면적 규범과 규율을 수립하여 개인의 신체적이고 도덕적인 품성을 형성하는 공간은 바로 국가의 기초가 되는 건전한 가족─가정이라고 말한다.

야비하고 부자연스러운 성욕은 어떤 기술로도 치료할 수 없는 "비참한 병"에 이르게 하는 정체를 알 수 없는 욕망인 것이다. 성욕은 병과 결부되어 의학 담론 안에서 치료의 대상이 되며 그것을 관리하고 감시하는 역할은 가정에 맡겨졌다.

성욕이라는 욕망은 생리적인 성적 욕구에 머물지 않고 내면적인 규율에 의해 지탱되는 정신과 신체를 감싸는 관념적 욕망으로 자리매김 되었다고 할 수 있다. 다시 말해 자기억제와 자기관리를 통해 정신과 신체를 규율하기 위한 원동력으로 성욕이라는 개념이 출현한 것이다. 이른바 성욕의 내면화, 성욕에 따른 자기 형성(주체화), 가정과 의학의 시선을 통한 감시 시스템 및 '성性가족'의 출현은 바로 이러한 통속적인 섹슈얼로지를 통해 등장하였다.

4장

성가족의 초상

1. 『세이토』의 신여성들

처녀성은 언제 버릴 것인가?

1911년 당대 지성인들이 모여 창간한 『세이토』(〈그림 4-1〉)는 그야말로 획기적인 잡지였다. 그런데 그 이상으로 시선을 사로잡은 것은 신여성들의 행보였다. 그녀들의 행동 하나하나는 사회적으로 센세이션을 불러 일으켰으며 새로운 시대를 상징하는 아이콘으로 등극하였다.

히라쓰카 라이쵸는 당시 신여성에 대한 사회적 시선이, "머리를 여배우처럼 하고 망토를 걸치고 늘 카페에 드나들며 오

〈그림 4-1〉 『세이토』 창간호, 1911.9.

색주五色酒를 즐기고 요시와라吉原에서 노는 자"[1]라는 정형화된 이미지였다고 회고한다. 남성들은 그녀들을 조롱하면서도 다른 한편으로는 당당하게 자기주장을 펼치는 신여성에 대해 공포와 불안을 느끼기 시작한 것이다.

1914년부터 그 이듬해에 걸쳐 벌어진 '정조논쟁'이나 '처녀논쟁'은 히라쓰카 라이쵸를 비롯한 세이토샤 멤버들이 주축이 되었는데, 이쿠타 하나요生田花世, 1888-1970, 야스다 사쓰키安田皐月, 1887-1933, 이토 노에伊藤野枝, 1895-1923(〈그림 4-2〉), 요사노 아키코与謝野晶子 등이 참여하였다.[2] 처음에는 기혼 여성들을 대상으로 했지만 이후 미혼 여성들로 그 대상을 확대하였다. 논쟁의 초점은 먹고 살기 위해 정조를 지킬 것인가 말 것인가 하는 정조문제에서 출발해 결혼과 연애, 처녀성 등의 문제로 옮겨갔다.

〈그림 4-2〉 이토 노에

이들 논쟁에서 주목할 만한 것은 첫째, 정조와 처녀성의 가치에 대해 논의하고 그 가치를 사회적으로 격상시켰다는 점이다. 여성이 처한 경우나 상황에 따라 다르긴 하겠지만 그것에 정신적 가치 혹은 경제적 가치를 인정할 것인가 아니면 무시할 것인가로 나뉘어 논쟁을 펼쳤다. 정조와 처녀성을 지키는 것으로 도덕을 준수하고, 사회적 일탈과 비행을 예방한다는 주장은 설득력을 얻지 못했다. 이 보다는 정신적인 가치가 중요하다는 견해가 압도적으로 많았다. 그런데 이것은 현모양처주의가 침윤된 도덕관을 바탕으로 한 것과는 다르다. 현모양처주의와 변별되는 것은 여성 자신의 정신성에 가치를 두었다

1) 平塚らいてう, 「かくあるべきモダンガアル」(1927), 『平塚らいてう評論集』, 岩波文庫, 1987.
2) 牟田和恵, 「戦略としての女」, 『思想』812號, 1992.

는 점이다. 여성의 정신적인 가치로서 '처녀성'을 칭양한 것이다.

둘째는, 여성의 섹슈얼리티를 사회적 이슈로 부상시켰다는 점이다. 연애와 결혼 그리고 영혼과 육체의 관련성 안에서 정조와 처녀성을 문제 삼았다. 여기서는 "처녀성을 언제 버릴 것인가, 혹은 언제 잃을 것인가"라는 주제로 논의가 전개되었다. 그 적절한 시기는 바로 남녀 모두가 연애의 절정에 이르러 결혼할 때라고 말한다. 여성들을 능동적인 주체성로 설정하고 성과 사랑의 일치 혹은 사랑과 성과 결혼의 일치, 즉 "영육일치"를 이상으로 삼았던 것이다.[3]

반면, 요사노 아키코는 연애의 자유가 허락되지 않은 상태에서 영육일치의 정조를 말하는 것은 무리라고 비판하고 여성의 경제적 자립과 사회제도의 개혁을 주장하였다.[4] 그러나 결과적으로는 '영육일치'의 이상이 젊은 남녀와 지식인들 사이에서 환영 받았으며, 연애와 결혼이 그야말로 아슬아슬한 줄타기를 하는 가운데 '근대 연애결혼 이데올로기'가 탄생하게 되었다.[5]

처녀에게는 성욕이 없다

이 사랑과 성과 결혼이라는 삼각관계 안에 이물질처럼 끼어있는 것은 성性, 즉 성욕이었다. 그것은 연애를 예찬하는 신여성들에게는 걸림돌이었다. 처녀에게 성욕은 언제 발생하는가? 처녀성과 성욕과 육욕은 공존할까? 나아가 기혼여성이나 독신여성, 과부, 이혼녀에게 있어 성욕은 무엇일까?

당시 성욕은 연애와 결혼을 분리시키는 이물질이었다. 이를 해결하기 위한 방법은 성욕을 무시하고 은폐하는 것이었다. 처녀의 성욕이라는 논의의

---

3) 与謝野晶子,「貞操は道徳以上に尊貴である」(1915),『人及び女として』, 近田書店, 1916.

4) 与謝野晶子,「貞操は道徳以上に尊貴である」(1915), 위의 책

5) 上野千鶴子,「解説」, 앞의 책.

핵심은 회피하고, 처녀는 순결을 지켜야 한다거나, 처녀에게는 본래 성욕이 없으며 남자로 인해 유발되는 것이라고 주장하는 것이다. 이를 테면 "순진 무구한 처녀는 결혼 적령기가 되어도 성욕의 강렬한 욕구가 없다"[6]라거나, "스무 살 전후의 처녀에게는 성욕을 스스로 연소시킬 만한 자각이 없다"[7]고 주장하면서 처녀를 성욕으로부터 철저히 분리시켜 이를 성화聖化하고 있는 요사노 아키코의 경우가 그 대표적인 예이다.

또한 "남자는 이를 지키지 않아도 된다는 것은 정조가 인간 공통의 것이며 도덕적 자질을 애초부터 갖추지 못한 것"[8]을 의미하는 것이라고 지적하면서, 정조를 여성 고유의 것으로 절대화할 것이 아니라 남녀가 동등한 관계에서 요구해야 하며, 기혼 여성이나 독신 여성, 과부, 이혼녀의 연애와 성애性愛를 인정하고 재혼을 적극 권장해야 한다는 의견을 피력하였다. 앞서 살펴 본 바와 같이 당시는 성욕은 더러운 것이라는 부정적인 인식이 팽배하였다. 과도한 성욕은 병으로 간주되어 '변태' '변태성욕' '색정광' 등으로 기피되었으며, 역설적이지만 성욕은 섹슈얼리티의 일탈을 조장하는 개념으로도 기능하였다.

성욕을 나쁜 것으로 치부하여 죄악시한 것은 아니지만 가능한 성욕을 피하고자 했으며 처녀성은 존엄한 것으로 성화하거나 신비화하고 순결의 지고지순함을 강화해 나갔다. 그 결과 신비의 베일에 싸인 처녀성을 결혼의 조건으로 삼아 정조와 처녀성은 사회적으로 높은 가치를 부여받게 되었다. 그러나 여성의 능동성과 주체성은 부정되었다. 그것은 1918년에 히라쓰카 라이쵸와 요사노 아키코, 야마가와 기쿠에山川菊栄, 1890-1980(〈그림 4-3〉)가 전개

---

6) 与謝野晶子, 「処女と性欲」(1915), 『人及び女として』, 近田書店, 1916.

7) 与謝野晶子, 「婦人と性欲」(1916), 『我等何を求むるか』, 天弦堂書房, 1917.

8) 与謝野晶子, 「貞操は道徳以上に尊貴である」(1915), 앞의 책.

했던 모성보호 논쟁과도 연결된다.

〈그림 4-3〉 야마카와 기쿠에

정조 논쟁과 처녀 논쟁이 여성의 본질을 사랑과 연애에서 찾았다면, 모성보호 논쟁은 그것을 모성과 모성애에서 찾았다. 이들 논쟁에서는 성욕을 정신적 성욕과 육체적 성욕으로 나누어 전자를 깨끗한 것, 후자를 불결한 것으로 이분화한 후, 전자를 취하고 후자를 버린다. 그리고 전자 안에 성욕을 은폐한다.

히라쓰카 라이쵸의 말을 빌자면 여성의 본능인 "아이에 대한 깊은 욕구"[9]인 것이다. 즉 아이를 낳고 기르는 자연적이고 본능적인 욕구가 바로 모성애라는 것이다. 이때 성욕은 이 모성애 안으로 통합되고 흡수되어 버린다. 이로써 여성의 사랑은 모성애로 일원화되어 여성의 성욕은 은폐되어 버린다.

셋째로, 남자의 섹슈얼리티가 비로소 윤리적 문제로 제기되었다는 점이다. 즉 정조는 왜 여자에게만 문제가 되고 비난 받아야 하며, 남자에게는 불문율로 붙여지고 그들의 성욕은 왜 방임하는 것인지, 정조의 불평등함을 문제시하였다. 이와 함께 요사노 아키코와 이토 노에의 주장처럼, 남자들은 지키지 않는 정조가 과연 인간 공통의 윤리인지 반문하며 보편성을 상실한 정조 관념을 폭로하였다.[10]

그런데 이러한 문제 제기는 논쟁에 제대로 반영되지 않았다. 이것이 여성

---

9) 平塚らいてう, 「避妊の可否を論ず」, 『婦人と子供の権利』, 天裕社, 1918.
10) 川村邦光, 「オトメの身体」, 記伊国屋書店, 1994.

논자들에 의해 다시 제기되는 것은 조금 더 시간이 흐른 후였다. 성병과 매독의 만연과 관련하여 이른바 '성性가족'이 위기에 봉착하면서부터라고 할 수 있다.

기묘한 학설

정조와 처녀성을 둘러싼 논쟁에서는 거의 문제시되지 않았지만 당시 기괴한 의학 담론도 널리 유포되었다. 그것은 앞서 살펴본 정조 가치와 여성의 섹슈얼리티의 사회화와 밀접한 관련이 있다. 이토 노에伊藤野枝는『정조에 대한 잡감貞操についての雑感』(1915)에서 다음과 같은 학설을 거론하였다. "여자가 한번 남자와 접촉하게 되면 혈구에 변화가 일어나 이미 그 여성은 순수함을 잃게 된다. 그렇기 때문에 다음에 다른 남자와 접촉할 경우에 그 여성의 혈구는 첫 번째 남자에게 영향을 받은 데다 다시 두 번째 남자의 영향을 받게 되어 만약 두 번째 남자와의 사이에 아이가 생긴다고 해도 그 아이는 순수한 두 번째 남자와 여자의 아이가 아니라, 어느 정도 첫 번째 남자의 영향이 있을 것이다"라는 주장이다. 이 학설의 핵심은 여자와 남자가 성행위를 하면 '피'에 변화를 일으키게 되고 또 다른 남자와의 성행위로 다시 여자의 '피'가 변화하여 두 남자의 '피'가 아이에게 영향을 미친다는 것이다. 복수의 남자와의 성행위는 혈통을 뒤엉키게 하기 때문에 '피의 순혈' '혈통의 순혈'을 유지하기 위해서는 처녀성을 간직하고 결혼해야 하며 결혼 후에도 정조를 지켜야 한다는 것이다. 정조와 처녀성에서 생리학적, 우생학적 가치를 발견하고 있는 것이다.

1916년에 오스기 사카에大杉栄는 다윈의『종의 기원』을 번역하면서 이토 노에에게 정조와 처녀성의 관념이 역사적으로 또 계급적으로 얼마나 "아름다운 도덕"인가를 설파했다고 한다.[11] 그러나 이토 노에는 "처녀성을 허락하는 것에는 엄격한 이유"가 있어야 하겠지만 이 학설이 얼마만큼 설득력 있는지는 확신이 가지 않는다고 말하고 있다. 요사노 아키코의 경우도, 정조를 지키는 일은 "부부의 혈족을 보존하기 위한 것"이 아니라 개인의 "순결을 귀하게 여기는 성정"을 바탕으로 해야 한다며 '피의 순혈' 주장을 부정하였다.[12] 어찌되었든 1910년대 초반 무렵부터 이 학설은 많은 지식인들에게 유포되어 환영 받았다고 한다.

순결 혹은 순혈 이데올로기

자칭 '성욕의 대가'라고 외치는 사와다 준지로澤田順次郎, 1863-1936는 『성욕에 관하여 청년 남녀에게 답하는 글性欲に関して青年男女に答ふる書』(1919)에서, 오스트리아 빈 출신 의사 월드스타인의 혈청 진단법을 소개하고 있다. 즉 성경험이 있는 여자의 혈액 안에 남자의 정자에 반응하는 효소가 생긴다는 것이다. 이것으로 '처녀'와 '비非처녀'를 구별하는 것은 물론 기혼 여성의 '밀통密通'을 감별할 수 있게 되었다고 상찬하고 있다.

또한 "유부녀가 남편이 아닌 다른 남자와 밀통을 하게 되면 설령 임신이 되지 않았다 하더라도 그 정자는 여자의 체내로 들어가 혈액을 더럽힌다"고 주장한다. 여기서 주목해야 할 것은 생리학적인 '피의 더러움'이나 '혈통의 문란함'이 복수複数의 남성과의 성행위로 인해 발생하며, 이것을 예방하고 '혈통의 순결'을 지키기 위해서는 '처녀의 순결'과 정조를 중시해야 한다는 논리이다.

---

11) 大杉栄, 「処女と貞操と羞恥と」(1915), 『自由の先駆』, アルス, 1924.

12) 与謝野晶子, 「私の貞操観」(1911), 『与謝野晶子評論集』, 岩波文庫, 1985.

의학박사이자 성욕학자로 수많은 책을 저술한 바 있는 하부토 에이지羽太
鋭治도 이와 유사한 학설을 제시한다. 그는『성욕 및 생식기 연구와 질병요법
性欲及生殖器の研究と疾病療法』(1920)에서, "여자가 처음 이성과 접촉하면 일정한
시간이 경과하면 신체와 정신에 현저한 변화를 초래한다"고 기술하고 있다.
그것은 심리적, 정신적 변화뿐만 아니라, "여성의 혈액 안에 진입한 남성적
성분이 작용했기 때문"으로 화학적 변화를 동반한다고 말한다. 여성은 "철
저히 피동적인 자"이며 "정조를 엄수해야 함은 물론"이다. 또한 남성은 이러
한 변화를 일으킨 여성을 책임질 의무가 있다고 덧붙이고 있다.

이 학설은 단순히 "혈통의 문란함"을 설명하는 데에 그치지 않았다. 많은
남성과 접촉한 여성은 "혈액 속에 수많은 다른 정자와 섞이게 되고 그 결과
성질이 거칠고 다정다음多情多淫한 성향을 갖게 된다"고 지적하고, 무엇보다
도 "한번 간통한 여성은 불량한 아이를 낳게 된다"고 경고한다.[13]

이어서 "진정으로 순결하고 우량한 아이를 원한다면 일부일처제를 굳건
히 지킬 것"을 요구한다. 일부일처제를 지탱하는 기반으로는 처녀의 순결,
아내의 정조가 거론되었다. 여성의 섹슈얼리티를 기반으로 구성된 가족—
가정, 즉 '성性가족'은 이러한 순결—순혈 이데올로기를 통해 탄생했다고 할
수 있다.

정조와 처녀성을 높이 사고 일부일처제가 '피'와 '혈통'을 통해 자리매김하
게 된다. 그것은 여성을 협박하고 위협하는 것에서 끝나지 않았다. 이혼녀
나 과부의 재혼을 금기시하고, 결혼의 조건으로 삼았으며, '피'와 '혈통'이라
는 이름으로 견고한 차별을 만들어 내었다.

1926년 4월,『부인공론婦人公論』은「처녀 존중의 근거」라는 제목으로 특집

---

13) 沢田順次郎,『性欲に関して青年男女に答える書』, 天下堂書店, 1919.

기획을 마련하였다. 이 안에는 지바 가메오千葉亀雄의「그것은 단 하나, 마지막 것それは唯一, 最終のもの」, 스기타 나오키杉田直樹의「궁극의 순결함何とはなしの潔癖さ」, 우에노 요이치上野陽一의「성의 심리에 기초하는 점性の心理の基づくところ」등의 글이 게재되었다. 여기서 다루고 있는 주된 내용은 처녀의 순결성, 가계家系의 순결성, 장남의 혈통, 이성의 혈액이 모성에 혼입되는 것을 금기시하고 종種이 뒤섞이는 것을 예방하자는 것으로 순혈, 혈통 이데올로기가 이미 상식으로 정착되었음을 알 수 있다.

그렇다면 일반 여성들은 이러한 담론에 어떻게 반응했을까?『부녀계婦女界』(1926년 6월호)의「산부인과 문답」에 상담을 의뢰한 여성의 이야기를 들어보자. "3년간 미망인으로 지내다 현재 재혼하여 임신 4개월인 여성입니다. 재혼한 여성은 전 남편의 피가 섞여있어 아무리 해도 새 남편의 순수한 아이를 낳을 수 없다고 들었습니다. 저는 전 남편과는 4년을 같이 살았지만 임신은 이번이 처음입니다"라는 내용의 고민을 털어 놓았다. 이에 대해 의학박사는, "임신 여부와 상관없습니다. 중요한 것은 성적 결합을 통해 부인이 남성의 피를 받아들였다는 사실입니다"라는 지극히 냉정한 답변을 올리고 있다. 이러한 상담내용을 통해 알 수 있듯이 복수複数의 남성과 성 경험이 있을 경우 '순수한 아이'를 낳을 수 없다는 속설이 널리 유포되었던 듯하다. 생리학적으로 '피'가 혼합되는 것은 부정不貞한 것이며 '피'가 혼합되는 것은 더러운 것이라는 새로운 청결관이 탄생하였다. 이러한 '혈통'에 대한 관념 안에도 의학이 깊이 관여하고 있는 흔적을 발견할 수 있다.

부르주아 가정의 '혈통'

신여성들의 이상이었던 '영육일치'의 결혼은 대부분 실현되지 못하였다.

요사노 아키코가 "연애의 자유가 허락되지 않은 상태에서 연애의 자유를 향유할 수 있을만한 인격적 교육이 실행되고 있지 않은 현대에 영육일치의 정조를 도덕으로 기대하는 것"은 허위라고 지적한 것처럼 그것은 거의 "기적"에 가까운 일이었다.[14]

따라서 여성의 처녀성의 순결을 상찬하는 것은 그것이 여성 자신을 위해 존중받아 마땅한 것이지만 "부계제도와 남성전제의 노예"로 전락하는 것을 감수하는 일이기도 했다.[15] 정조나 처녀성은 정신적인 가치로 강조되면 될수록, 사물화된 정조·처녀성의 유사類似과학적인 생리학적, 우생학적 가치를 증대시켜 간 것이다.

당시 신新중간층이라고 불린 계층과 신흥 자산가층인 부르주아지가 증대해 가는 상황과 맞물려 근대 가족 윤리의 하나로 순결·순혈 이데올로기가 자리하고 있었다. 도쿄부립東京府立 제1고등여학교 교장이었던 이치카와 겐조市川源三가 "누이나 딸이 쇼군將軍의 총애를 받아 첩이 된 덕분에 다이묘大名에 중용된 명문가도 있다. 그러한 명문가에 우량한 유전이 있겠는가?"라고 『성교육론性教育論』(1920)에서 반문한 것을 보더라도 이미 계보적인 가계와 문벌은 중요하게 생각하지 않게 되었음을 알 수 있다. 한편 유전되고 전염되는 것으로 기피되었던 결핵과 성병이 만연하고 빈곤과 도덕적 타락이 사회 문제가 되었는데, '하등사회'는 그 소굴로 인식되었다. 신중간 층과 신흥 부르주아지는 교육열을 높이며 새로운 부르주아 가정의 윤리를 추구해 갔다. 그들은 의사와 교육자가 여성잡지 등에 제공한 순결·순혈 이데올로기에서 새로운 '혈통'의 가치를 발견하였다. 순결·순혈 이데올로기는 부르주아 가

---

14) 与謝野晶子, 「貞操は道徳以上に尊貴である」(1915), 앞의 책.

15) 千葉亀雄, 「それは誰一, 最終のもの」, 『婦人公論』4月號, 1926.

정에게 지지를 받으며 여성의 섹슈얼리티를 은폐하였고, 다른 한편으로는 '처녀의 순결'을 가정윤리로 삼아 '성가족'을 구축해 나갔다.

2. 성가족의 비극

정조를 택할 것인가 죽음을 택할 것인가

1900년대 초반에 개막된 '성욕의 시대'에서 가장 주목했던 것은 여성, 그 중에서도 처녀성과 정조였다. 신체와 정신이 일치하는 이른바 '영육일치'가 강조되었다. 부르주아 가정에서 처녀성, 정조는 특별한 대우를 받았다. 말 하자면 희소성 있는 상품적 가치를 지녔던 것이다. 처녀성, 정조라는 이름으로 미혼 여성이나 기혼 여성은 스스로를 규율하고 억압하게 되었다.

1920년대에는 상당히 수상쩍은 '성욕학'이 유행하였다. 하부토 에이지羽太鋭治, 사와다 준지로澤田順次郎, 다나카 고가이田中香涯 등 이른바 '성욕학자'와 진보적 성향의 지식인들이 성욕 및 성교육의 필요성을 제기하면서 '성'을 둘러싼 담론이 붐을 이루었다.

한편 이러한 시대 분위기를 더욱 고조시키는 사건이 발생한다. 이른바 니코우尼港 사건이다. 러시아 혁명 시, 니콜라예프스크(일명 니코)를 점령한 일본 수비대가 빨치산에게 포위되자 항복협정을 맺는다. 그러나 일본군은 협약을 깨고 기습반격에 나섰다가 영사領事와 수비대장을 비롯한 병사, 거류민 700여명이 사망하고 122명이 포로로 체포된다. 결국 빨치산은 니콜라예프스크에서 철수하면서 이들을 모두 살해하였다. 이때 여성도 능욕 당하고 살해되었다. 일본 미디어는 이 사건에서 '처녀의 순결'과 '아내의 정결'에 주목하였다. 정조를 지킬 것인가 아니면 죽음을 택할 것인가라는 문제를 놓고 다카시마 헤이자부로高島平三郎, 1865-1946가 먼저 포문을 열었다. 그는 「정조해방인가 죽음인가」라는 제목의 글에서 성해방이 주창되고 사회가 변화하면서 처녀의 순결만 퇴폐해지는 것이 아니라 기혼여성들의 정조 관념도 희박해지고 있음을 우려하였다. "귀축鬼畜과 같은 빨치산"의 폭력으로 "정조가 짓밟힌 것"은 본인의 책임이 아니라고 말하고, "짓밟혔다는 느낌을 사회 일반에 전하고 여성의 장래를 암운으로 이끄는 것"은 "남자가 순결을 욕망하고 동정을 바라는 이상 어쩔 수 없는 일"이라고 단언하였다.

여기서 다카시마가 지칭하는 "사회 일반"이란 남성 중심사회를 가리키며 섹슈얼리티가 남성들만의 전유물이었음을 나타낸다. 오로지 남자만이 여자의 순결과 동정을 원망하고 강제할 수 있으며 반대로 여자가 남자에게 요구하는 경우는 없었다는 의미이기도 하다. 이로써 여자의 신체와 정신은 남자의 사유물이라는 통념이 자리 잡아 가게 되었다.

폭력으로 여자의 정조가 더럽혀졌다면 그것은 본인의 책임은 아니지만 사회에 책임을 물어야 하며 사회로부터 배제되어도 어쩔 수 없다고 말한다. 그런데 다카시마가 "정조를 잃느니 차라리 죽음을 택하라"고 주장한 것은 아니었다. 다만 여성은 자신의 정조가 위기에 처했을 때 온힘을 다하여 그것을 지키기 위해 노력해야 한다고 말한다. "여성이 정조를 중하게 여겨야하는 것은 예나 지금이나 마찬가지다"라고 단언한다. 오늘날의 강간 피해자를 둘러싼 담론과 같은 논리다.

전통적 정조관, 나아가 사회적 규범에 따라 '정조'를 위해서는 자결도 불사해야함을 암시한다. 순결·정조를 특권화하는 것으로 '더럽혀졌다'라는 인식을 갖는 남성과 그런 느낌이 들도록 하는 여성이 등장하게 된다. 그런데 이러한 불결하다는 신체감각은 저절로 생겨난 것은 아니다. 다카시마와 같은 지식인들이 끊임없이 담론화하고 방향을 제시함으로서 만들어진 것이다. 순결과 정조에 인격을 부여하거나 내면화하여 정조의 침해가 신체만이 아니라 정신의 불결함, 치욕을 의미하게 된 것도 바로 그 때문이다.

빈발하는 능욕 사건

혼간지本願寺 주지 딸로 태어난 구죠 다케코九条武子, 1887-1928(그림 〈4-4〉)는 화족인데다 미모까지 겸비한 여성 가수로 세간의 이목을 끌었다. 1920년에는 과부의 한탄을 노래한 단가短歌로 인기를 모았다. 그 해가 끝날 무렵 그녀의 남편이 11년 만에 프랑스에서 귀국하자 다케코는 가수로서의 명성보다 정조를 지킨 여성이라는 의미의 '슈규인守閨人'으로 각광 받았다. 그 이듬

〈그림 4-4〉 구죠 다케코

해에는 다케코의 친구인 야나기하라 바쿠렌柳原白蓮, 1885-1967(그림 〈4-5〉)이

〈그림 4-5〉 야나기하라 바쿠렌

『도쿄아사히신문』에 남편과의 이혼장을 공개하고 애인의 곁으로 도피했다. 가인歌人인 하라 아사오原阿佐緒는 아이를 버리고 생리학자인 이시하라 쥰石原純에게 몸을 던졌다. 1922년에는 산아제한운동[16]을 주창한 산가 부인이 일본을 찾아 섹슈얼로지 강연을 개최하는 등 '성'을 둘러싼 담론이 당시 일본

---

16) 미국인 여성 M·산가가 1914년에 제창. 일본에서는 1918~1919년(다이쇼7~9)에 아베 이소오安部磯雄, 야마모토 센지山本宣治 등에 의해 전개되었다. 당초에는 미국에서나 일본에서나 보수 세력의 반대가 심했지만 점차 광범위한 사람들의 지지를 얻어 인구문제의 해결과 여성해방에 상당한 영향을 줌(역주).

〈그림 4-6〉 아리시마 다케오

사회를 장악하고 있었다.

이러한 성을 둘러싼 화제가 범람하는 가운데 정조와 처녀성의 비극이라 할 수 있는 '능욕凌辱 사건'이 빈발하였다. 그것은 '성욕의 시대'라는 측면에서 볼 때 매우 피상적인 양상을 띠고 있으나, 공교롭게도 그것은 성과 섹슈얼리티를 둘러싼 부르주아 가족의 '성性가족'의 실태를 명백하게 드러낸 사건이었다.

하나는 고베에서 일어난 외국인에 의한 여교사, 부녀자 강간 사건이며, 다른 하나는 의사가 치료를 명목으로 여학생을 능욕하고 임신까지 이르게 한 요코하마 사건이다. 마지막으로 도쿄의 신진 소설가인 시마다 세지로島田清次郎, 1899-1930가 소장의 딸을 폭행한 사건이다. 공교롭게 모두 아리시마 다케오有島武郎(〈그림 4-6〉)와 하타노 아키코波多野秋子(〈그림 4-7〉)의 정사 사건이 있었던 1923년에 일어났다. 신문, 잡지 미디어에 좋은 기사 거리를 제공하게 되었던 것은 말 할 것도 없다.

『부인세계婦人世界』4월호, 5월호, 6월호는 이들의 수기와 지식인들의 의견을 곁들여

〈그림 4-7〉 하타노 아키코

이 사건을 대대적으로 보도하였다. 어떤 식으로 사건을 보도하고 어떤 문제를 부각시켰는지 살펴보자.

첫 번째 사건을 다룬 기사의 제목은 「내가 앞으로 살아가야할 길」이다. 부제로는 기자의 '눈물의 방문기', '악마의 덫에 걸린 불행한 그녀가 죽음의 고통에서 다시 살아난 눈물의 고백'이라는 최루성 타이틀을 달았다. 또한 미야

케 야스코三宅やすこ의 논설 「여성이 진정 생각해 봐야 할 점」이 지면을 장식했다. 그리고 「능욕당한 불행한 부인 일가를 어떻게 광명으로 인도할 것인가― 아내는 어떻게 해야 하는가? 남편은 어떻게 해야 하는가?」라는 질문을 던지고 그에 대한 지식인 50인의 답변을 실었다.

'능욕'에 대처하는 아내의 자세

우선 지식인들의 답변을 살펴보자. "아내는 어떻게 해야 하는가?"라는 질문에 대해서는 불가항력의 폭력에 의한 재난이므로 아내에게는 아무런 책임이 없고 오히려 동정 받아 마땅하다는 의견이 많았다. 그러나 이러한 의견보다는, "불가항력인 재난이라 해도 육체를 모욕당한 데에는 나름의 과실은 있습니다. (중략) 마음과 영혼이 더럽혀지지 않은 점을 그나마 위안 삼아, 재난으로 얻은 과실을 속죄하기 위해서라도 앞으로 몸가짐을 조심하는 것이 중요하다고 생각합니다. 악마는 마음의 틈으로 들어옵니다. 그 틈을 제공한 것을 부끄럽고 두려워해야 할 것입니다"라며, 아내의 마음의 과실을 지적하고 남편에게 사죄해야 한다는 의견이 압도적으로 많았다.

또한 법적으로 위자료를 청구해야 한다는 의견도 몇몇 있었지만 소수에 불과했다. 오히려 여성에게 책임을 전가하는 의견이 많았으며, 부녀자 성폭행 사건이나 아내의 정조 문제로 재판까지 가는 것은 집안의 체면에 흠이 간다는 인식이 지배적이었다.

"남편은 어떻게 해야 하는가?"라는 질문에는 "아내의 재난을 용서해야 한다", "그녀의 죄를 용서해야 한다", "마음과 영혼이 더럽혀지지 않았다면 용서할 여지가 있다"라는 식의 의견이 많았다. 이들은 아내를 동정해야 하며 이혼은 피하고 평소와 같이 생활해야 한다고 말한다. 그러나 이 보다는 설령 부정을 저지르지 않았다고 하더라도 목숨을 걸고 정조를 끝까지 지켜내지 못했다면 이혼은 불가피하다는 식의 사회적 통념이 더 강했다. 이를 테면 "남편의 사랑을 잃었다면 이혼은 당연하다" "남편의 결정 여하에 따라" "남편에게 이혼 당해도 어쩔 수 없다" "우선 조신하게 남편의 판단을 기다려야 한다" 등 철저히 남편의 입장에서 사건을 바라보는 시선이 그것이다. 즉 아내가 성폭력 피해자라는 사건의 본질은 도외시하고 정조를 잃었다는 이유로 가해자 취급을 하는 것이다.

아내를 동정하면서도 "아내는 눈물로서 남편에게 사죄하고 그의 관대한 조처를 바랄 수밖에 없다" "남편의 용서만이 그녀가 살 길이다"라며 아내의 사죄를 강요한다. 여기서 아내는 남편의 비호와 감시를 받아야 하는 종속적인 존재로 표상되고 있다. 또 "여자는 정신적으로나 육체적으로나 매우 약한 존재" "더럽혀지기 쉬운 존재"라는 인식이 공유되고 있다.

이혼해야 한다는 의견에는 "진정으로 아내에게 사람이 남아 있다면 용서해야 한다"와 "남편이 이로 인해 애정이 사라진다면 이혼할 수밖에 없다"로 양분되나 결론적으로 남편이 능동적 주체가 되고 아내는 수동적이라는 점에서 일치한다. 여기서는 사랑, 마음, 영혼 등 육체적인 측면보다 정신적인 측면이 강조되고 있다. 그러나 실은 육체적인 것이 정신적인 것으로 환치되고 육체적인 것을 은폐한 것에 지나지 않는다. 사랑이나 애정이라는 말은 여성의 신체, 섹슈얼리티, 사회적 위치까지 봉인해 버린 것이다.

무엇보다 "몸을 더럽혔다"라는 말이 나타내는 것처럼 육체는 정신성, 윤리성을 표상하는 이른바 정신의 권력화를 의미한다. 아내의 '과실'이라든가 '용의주도하지 못함' '호랑이 굴에서 벗어나지 못한 어리석음' 등의 표현은 모든 책임을 여성에게 전가하고 있는 것에 다름 아니다. 즉 여성이 정조를 지키지

못하고 강간을 당한 것은 개인적인 자질과 정신력이 약한 탓으로 여성에게
도 내재적 문제가 있다는 것이다.

또한 "정조는 생명 이상으로 숭고한 것이다. 때문에 이것을 능욕하는 자가
있다면 죽음을 불사하고 저항해야 한다. 결사決死의 힘은 몇 배의 강력한 힘
을 내기 때문에 능욕을 막지 못한 것이 도리어 이상한 것이다"라며 정신성을
강조한 논리를 전개한다. 능욕 당할 바에야 자결하는 편이 낫다는 식의 니코
사건을 연상시킨다.

그리고 피해자의 도덕적 측면에 초점을 맞춰 "더럽혀진 몸"은 아이에게도
영향을 미치므로 설령 사회적 압력이 없더라도 자진해서 교단을 떠날 것을
권고한다. 역설적이게도 이 사건이 게재된 4월호 특집 제목은 「비애의 질곡
에서 재생의 기쁨으로」였다.

처녀의 무지無知

두 번째 사건은 「처녀의 비애」라는 타이틀로 신문, 잡지를 장식했다. 『부
인세계』 1923년 5월호 특집 타이틀은 「아름다움과 사랑으로 살아간 여성」
이다. 그런데 타이틀과 다르게 목차를 살펴보면 온통 능욕 사건으로 채워져
있다.

군마전력群馬電力주식회사 사장 오구라 시즈노스케小倉鎭之介의 「사랑하는
딸을 능욕 당한 아버지의 눈물 고백─ 불행한 딸을 순결하게 하기까지」라
는 기사가 그것이다. 이와 관련된 기사로는 우키타 가즈타미浮田和民 「빈번한
능욕 사건과 사회의 여론」과 요시오카 후사코吉岡房子 「가정과 학교에서 어
떻게 성교육을 해야 할 것인가」가 있다. 같은 해 4월호에는 사와다 부쇼沢田
撫松 「오노大野 의학박사 처녀 능욕 사건의 진상」이 게재되어 있다.

이 사건의 피해여성은 평소 기관지염으로 고생하던 중 냉증이 원인이라는 의사의 진단에 따라 치료를 받아 왔으나 증세는 더욱 악화되었다. 이에 의사는 자궁에 붙이는 약을 4, 5회 처방해 주었으나 이것도 별 효과가 없자 좌약 요법을 사용하였다. 이때부터 데쓰코てつ子는 우울증에 시달렸으나 좌약 탓이려니 하고 넘겼다. 그러나 마침내 생리가 멈추고 극심한 국부 통증으로 다른 산부인과를 찾게 된다. 그곳에서 데쓰코의 몸에 "구식 낙태기구"가 삽입되어 있었고 게다가 임신 중이라는 사실이 밝혀진다.

슈토 세이洲東生의 기사에는 다음과 같은 부녀의 대화가 실려 있다.

"데쓰코! 네가 능욕 당한 거로구나······"

데쓰코는 아무렇지도 않은 얼굴로 "아버지! 능욕이 뭔데요?"

"능욕······? 모욕당했단 말이다"

"모욕이 뭔데요?"

"누군가 네게 장난을 친 거란다"

"장난이요?"

"아아! 데츠코! 네가 임신했단 말이다!"

"네? 아버지! 제가 임신이라구요? 어떡하면 좋죠?······아버지, 용서해주세요"

"데쓰코! 넌 죄가 없단다. 모두 이 애비 잘못이다. 용서 하렴!"

여기서 데쓰코는 의사에게 아무런 의심을 품지 않았다. 물론 자신이 임신한 사실 조차 인지하지 못했다. 여성이 스스로의 신체와 성에 얼마나 무지했는지 엿볼 수 있는 대목이다.

또한 아버지의 수기 형식의 글에서도 딸에게 "아기는 어떻게 생기는지 아느냐?"라고 질문하자 "아기는 천국에서 오는 거예요"라고 답하는 등 성지식이 백지상태였다고 말하고 있다. 이 모든 것은 가정에서 성에 관한 지식을 차단하고 올바른 성교육을 행하지 않았기 때문에 벌어진 일이었다.

결과적으로 아버지는 "나도 딸을 번듯한 처녀로 키우고 싶었다" "가정교육을 제대로 시키지 못한 내게 잘못이 있다"며 자책했다고 한다. 부르주아 가정의 딸들은 오로지 현모양처가 되기 위한 교육, 양가집 규수가 되기 위한 교육에만 전념한 나머지 성에는 무지한 여성으로 키워졌던 것이다.

이 사건을 계기로 성교육의 필요성이 대두되었다. 와세다早稻田대학 우키타 가즈타미 교수는 딸의 성적 무지는 정조관념에 사로잡힌 아버지의 책임도 크다고 지적하고 있다. 병원 부원장인 요시오카 후사코吉岡房子도 성에 대한 무지가 이러한 능욕 사건을 낳았다고 비판한다. 특히 적령기 여성들이 알아야 할 성 지식을 아무도 알려 주지 않아 생긴 비극이자 일본사회 전체의 죄라고 지적하고 성교육의 필요성을 제기하였다.

이 시기는 성적인 것을 성기나 그 결합으로만 보려는 경향이 그 어느 시기보다 강했던 듯하다. 그건 그렇다 치더라도 성지식을 미혼 남녀가 습득하는 것조차 불건전한 것이라며 반대한 이유에 대해서는 어떻게 설명할 수 있을까?

독초의 유혹

『부인세계婦人世界』 6월호의 특집제목은 소설가의 강간 사건을 다룬 「아름답게 핀 독초의 유혹」이었다. 후나키 시게오舟木重雄 「울고 있는 여동생을 위하여」, 기자記者 「島田清次郎 씨와 기자의 대화」, 미야케 야스코三宅やす子 「그녀는 불행했다」, 후지카와 유富士川游 「사춘기 여자의 보호와 선도」, 아리시마 다케오 「진정 원하는 단 한 사람의 이성을 그리워하는 마음」, 우키다 가즈

〈그림 4-8〉 시마다 세지로

타미 「나는 이렇게 딸에게 성교육을 시킨다」 「내 아이의 성교육은 어떻게 시켜야 할까? 시집가는 딸에게 전하는 성적 주의사항」 등이 관련기사로 게재되었다.

가해자인 시마다 세지로(〈그림 4-8〉)는 『지상地上』을 통해 문단에 화려하게 데뷔하여 일약 인기작가로 부상하였다. 평소 소설에 관심이 많았던 피해자가 시마다에게 편지를 보내거나 몇차례 만남을 갖기도 하였다고 한다. 피해자 오빠의 증언에 의하면 "시마다 자택에서 협박과 폭행의 위기에 직면해 죽기 살기로 저항하였으나 이미 처녀의 긍지를 유린당하였다"고 한다. 결국 시마다는 경찰에 구속되었다.

이 사건은 '처녀를 능욕한 것'인가 아니면 '연애관계'인가를 둘러싼 스캔들로 비화되었다.

시마다는 사건이 있기 전에 이미 둘은 약혼한 사이라고 주장했지만, 피해자는 이를 부정했다. 사건이 발생한 후 시마다는 청혼하는 편지를 보내기도 했다. 기자와의 인터뷰에서 시마다는, 즈시逗子의 한 여관에서 도쿠토미 로카德富廬花와 만나 두 사람이 장차 결혼할 것이며 그녀를 사랑한다고 고백한 사실도 있다며 폭행을 강하게 부정하였다.

이 사건은 도쿠다 슈세이의 조정으로 피해자 측이 소송을 취하하는 것으로 일단락되었다. 이 사건이 어떻게 담론화되었는지 살펴보자.

후지카와 유는 "가정 안에서 성욕이 어떻게 분출되고 있는지 지식이 없었던 것이 그 중요한 원인"이라고 지적하고, 가정교육의 중요성을 언급했다. 특히 사춘기 아이들의 성욕을 관리·감시하는 일이 중요하다고 지적했다.

여기서 관리·감시의 대상은 청년 일반, 특히 남자가 아닌 젊은 여성이었다.

또 여성은 생물학적으로나 생리학적으로나 성욕적인 면에서나 수동적이기 때문에 연애에 있어서도 수동적일 것이다. 따라서 어머니는 특히 "딸의 성욕을 감시·선도"에 주의를 기울여야 한다고 주장한다.

즉 여성의 성욕은 수동적이기 때문에 "남자와 달리 자연적으로 발동하는 일은 매우 드물며 외부의 자극만 없으면 오랫동안 성욕이 발동하는 일이 없을 것"이며 관리·감시를 통해 성욕을 억제시킬 수 있다는 논리이다. 이때 성욕을 자극하는 것으로는 음란한 그림, 문학작품, 연극, 영화 등을 들었다. 청년기에는 이처럼 성욕을 억제하는 것이 건강적인 면으로나, 혼외 성욕을 피하기 위한 도덕적인 면에서나, 화류병(성병)을 예방하기 위한 위생적인 면에서나 모든 면에서 유익할 것이라고 단언하였다.

성욕의 위계질서

성욕을 감시하고 지도하는 역할은 전적으로 어머니에게 맡겨졌다. 가정, 특히 가정을 관리해야 할 주체로 어머니─주부가 부상한 것이다. 바야흐로 어머니─주부의 역할이 가사만이 아닌 '성욕의 생리, 심리, 위생' 등에 대한 지식도 필요로 하게 된 것이다. 부르주아 가정 내의 사적인 일상생활에서는 어머니가 아이들 특히 딸의 관리자로 정착했고, 아이와 어머니의 관계가 가정 안에서 중추적인 위치를 점하는 등 가정은 농밀한 성적공간으로 형성되어 갔다.

어머니는 아들과 딸의 섹슈얼리티 관리자 및 감시자의 역할과 동시에 자기억제도 필요하게 되었다. 그 위에 한 가정의 감독자로서의 아버지─남편은, 어머니─아내, 아들─딸의 섹슈얼리티를 엄격하게 관리감독하고 억제하도록 하는 방식으로 성의 위계질서가 구축되었던 것이다.

이 처녀 능욕 사건을 계기로 의학이나 교육, 여성문제 이외에 가정교육의 중요성이 대두되었다.

"성이라는 것을 두려운 것, 기피해야할 것, 입에 담지 못할 것으로 금기시하는 가정일수록 이 같은 문제가 많다"며 "가정에서 성을 올바르게 교육했다면 이 같은 문제를 미연에 방지할 수 있었을 것"이라고 지적하고 있다. 즉 학교뿐만 아니라 가정에서도 성교육이 이루어져야 한다는 것이다.

성교육의 병폐만 지적하는 식자도 많았지만 이처럼 가정에서 성이 은폐되는 현상을 우려하는 식자들도 있었다.

3. 신경병 시대의 성욕

『크로이체르・소나타』

성욕이나 '성'을 기피해야 하는 것, 더러운 것이라는 담론이 뿌리 깊게 이어져 왔다. 하지만 자유 연애나 연애 결혼이 이상적인 것으로 인식되면서, 성욕은 차치하더라도 '성'은 신성한 것, 신비한 것이라는 담론이 등장하였다. 『근대의 연애관近代の恋愛観』(1922)에서 "러브 이즈 베스트Love is best"라고 주장했던 구리야가와 하쿠손厨川白村, 1880-1923이 그 대표적인 예이다. 그가 말하는 '영육일치'라는 개념이 일부 지식인 사이에서 당연하게 받아들여지면서 성욕은 관념적인 것으로 승화되었고, 사랑과 조화시키려는 노력에도 불구하고 괴리가 생겨났다.

이를테면 성욕이나 성은 사랑이라는 베일에 가려진 채로 관념적으로 다루어졌기 때문에 신성한 사랑이라고 경외하는 한편, 더러움으로 가득 찬 성이라고 도외시하는 양분화된 인식이 그것이다. 서로 다른 두 가지 인식은, 성욕과 성의 부정화不淨化 · 오예화汚穢化와 신성화 · 신비화 사이에서 남자다움과 여자다움을 둘러싼 '섹슈얼리티의 병'을 발생하게 하였고, 이것이 '성가족' 안으로 전염되었던 것이다.

이러한 분위기 속에서 금욕주의를 제창한 톨스토이Lev Nikolevich Tolstoy, 1828~1910의 『크로이체르 · 소나타』가 주목 받았다. 이 책은 1917년 히로쓰 가즈오広津和郞, 1891-1968가 번역한 것인데, 그 이전에 이미 일본에 소개된 바 있다. 우치다 로안內田魯庵에 의하면 "고니시小西 씨가 번역한 톨스토이의 『크로이체르 · 소나타』는 보셨겠지만 러시아에서는 풍기문란으로 금지되었다고 합니다. 그런데 유럽 각국에서는 번역되어 톨스토이의 걸작으로 사랑받고 있죠."[17]

이 『크로이체르 · 소나타』는 1900년대 초반 도쿠토미 로카 등 지식인들에게 적지 않은 영향을 미친 작품이다. 후타바테이 시메이는 원문으로 읽었다고 한다. 그는 『평범』에서, "톨스토이를 일컬어 북방의 철인이라고 말한다. (중략) 『크로이체르 · 소나타』의 발문에, 이상의 완전함을 추구하는 것은 진정한 이상이 아니다. 완전하게 실행할 수 없는 것이 곧 이상이다. 불범不犯은 기독교의 이상이다. 따라서 완전한 실행은 불가능하다. 단지 기독교 교주는 이것을 이상으로 삼아야 한다며 부부들에게 가능한 형제 자매처럼 지내기를 권한다. 대체 무슨 말일까? 조금도 이해할 수 없다"라며 톨스토이의 금욕주의에 의문을 제기했다.

톨스토이는 "순결은 규범과 명령이 아닌 이상"이라고 말하며, "육적肉的 연애 즉 결혼은 봉사이며, 어떠한 경우라도 신과 이웃에 대한 봉사에 장애가

---

17) 内田魯庵, 「『破垣に就いて』」, 『社会百面相 下』(1902), 岩波文庫, 1954.

생긴다면, 이것은 기독교의 견지에서 볼 때 타락이며 죄악이다" "서로 협력하여 유혹을 이겨내고 자신을 청정하게 하여 신과 인간 봉사에 방해가 되는 관계를 끊고, 육적 애정을 대체할 만한 순결한 형제 자매 관계를 통해 죄악을 중단하고 정진해야 할 것이다"[18]라고 주장하였다. 당시 많은 지식인들이 이 같은 종교인 톨스토이를 숭배하여 이른바 '톨스토이교敎'에 귀의하였다.

아내의 성욕에 대한 공포

히로쓰 가즈오는 『크로이체르 · 소나타』를 번역한 것과 같은 해에 『신경병 시대』를 집필하였다. 이 작품은 확실히 톨스토이의 금욕주의의 영향을 받았지만, 만약 자연주의 작품으로 알려진 시메이의 『평범』이 『크로이체르 · 소나타』의 패러디라면 이것은 코미디다. 왜냐하면 『평범』은 아내를 혐오하고 접촉을 피하려고 하지만 금욕주의를 관철할 수 없는 평범하고도 불쌍한 남자 이야기이기 때문이다.

『평범』의 남자 주인공은 이 보다 10년 전 발표된 다야마 가타이의 『이불』의 주인공과 마찬가지로 신기하게도 모파상의 『아버지』를 떠올린다. 두 주인공의 처지가 매우 유사하다. 그러나 떠올리는 장면은 각각 다르다. 『이불』에서는 묘령의 여제자에게 "대담하게 손을 내밀어 성욕을 만족시키고 싶다"라고 생각했을 때 『아버지』에서 소녀가 남자에게 몸을 맡기고 격하게 우는 장면을 떠올렸다. 그것은 번민하는 사이 성욕을 채우지 못하고 미련과 후회만 남게 되는 '성욕 시대'의 개막에 어울리는 씬 이었다.

한편, 『신경병 시대』에서는 내연의 관계를 정리하고 그녀와의 사이에서 태어난 아들도 포기할 것을 결심한 『아버지』의 남자 주인공을 떠올린다. 자

---

18) トルストイ · 米川正夫 訳, 『クロイツェル · ソナタ』, 岩波文庫, 1928.

신이 버리려고 한 내연의 아내와 아들과 공원에서 즐겁게 놀아 주고 있는 모습이 그것이다. 『신경병 시대』의 주인공은 자신도 『아버지』의 주인공처럼 아내와 아들을 버리게 되는 것은 아닌지 괴로워한다.

『신경병 시대』에서는 남자가 자신의 성욕으로 고민하는 것이 아니라, 아내의 성욕에 위기감을 느끼고 있다. 자신의 성욕은 이미 감퇴하고 있었다. "아내의 히스테리와 육욕, 정력과 그 외 모든 불쾌한 점"만이 가슴 속을 소용돌이 치고 "멈춰 버릴 것 같은 심장의 통증" "신경성의 고통"으로 고통을 받으며 이혼을 꿈꾼다. 이 남성은 성욕의 시대가 열리자마자 동시에 '신경병' 혹은 섹슈얼리티의 병이 발발한 것이다.

『이불』의 주인공의 여제자는 요염과 에로틱함으로 무장하고 연인을 매혹하고, 스승을 유혹한다. 한편 주인공의 부인은 정나미가 떨어지게 하면서도, 교묘하게 남자를 조종하여 아버지의 역할을 부여하는 등 "가정의 쾌락"을 제대로 만끽하는 "순종적인 아내"였다.

『신경병 시대』의 남자 주인공의 경우, 내연의 아내가 동거를 먼저 제안하고 남자가 주저하는 동안 척척 일을 진행할 정도로 주관이 뚜렷한 이른바 '신여성'이었다. 반면 남자 주인공은 우유부단하고 수동적이며 남자답지 못하다. 그녀와 첫날밤을 보낸 날 도 "지금까지 간직해 온 동정을 그녀로 인해 잃게 되고 더럽혀졌을 때 돌이킬 수 없음을 깨닫고 극심한 우울"에 빠졌다. 그리고 "당당하게 기뻐하는 그녀를 향해 폭발할 힘을 갖지 못한 우울한 증오를 느꼈"던 일을 떠올렸다. 마치 남자와 여자의 입장이 전도된 것 같은 광경이다. '남자다움'과는 상반된 '여자다움'이 발휘되고 있다.

이 주인공에게 있어 아내의 '육욕'은 신경병 혹은 공포의 근원이다. 2일에서 3일에 한번 "육욕의 히스테리 발작"을 일으킨다. 아침 일찍 눈을 뜬 주인공이 간밤 잠자리에서 표정이 좋지 않았던 아내를 떠올리며 다음과 같이 중얼거렸다.

> "아, 대체 이게 무슨 생활이란 말인가!" 사다키치定吉는 마음속으로 외쳤다. 그
> 의 머릿속에 '크로이체르 · 소나타'가 떠올랐다. "그래, 여자는 톨스토이가 말한
> 것처럼 히스테리 환자다. 과도한 병적인 부절제不節制로 인한 히스테리 환자
> 다!" (중략) '크로이체르 · 소나타'를 쓴 톨스토이도 분명 아내에게서 나와 같은
> 불쾌함을 경험한 것이리라.

여기서 톨스토이의 『크로이체르 · 소나타』가 언급되고 있다. 아내의 "과도한 병적인 부절제로 인한 히스테리", 바로 "육욕적 히스테리"다. '병적'이라는 딱지가 붙을 정도로 지나친 성욕 충족, 즉 과도한 방사가 히스테리의 원인이라는 것이다. 당시 표현으로 말하면 '색정광'이다.

주인공은 밤마다 아내의 요구에 못 이겨 성관계를 갖기는 하지만 다음날 아침이 되면 "비참하다! 비참해"를 연발하며 후회하는 일을 반복하고 있다. 어느 날 아내는 애교스러운 몸짓으로 아이에게 뺨을 부비며 둘째 아이의 임신 소식을 알린다. 절망과 형용할 수 없는 괴로움을 느끼면서도 힘들어질 아내를 위해 가정부를 들여야겠다고 마음먹는 장면에서 소설은 끝난다.

『신경병 시대』의 주인공은 아내―여성의 성욕과 히스테리에 압도되고 있다. 아내는 히스테리를 이용하여 남편을 조종하며 『이불』에 등장하는 아내처럼 '가정의 쾌락'을 누린다. 한편 '남자다움'을 거세당한 남편―남자는 성욕이 완전히 감퇴된 것은 아니나 아내에 비해 수동적이다. 즉 '남자답지 않음'이 '신경병' 발병의 요인인 것이다. 신경병(신경증, 노이로제) 혹은 신경쇠약이 바야흐로 시대의 병이 되어 가고 있는 것이다.

성교 불능으로

신경병, 신경쇠약이 심해지면 가장 우려되는 것으로 음위·성교 불능 현상을 꼽았다. 다른 한편에서는 "성욕의 유희화" 즉 "쾌락을 충분히 즐기면서 생식의 고통은 가능한 피하려는 젊은 남녀가 증가하고 (중략) 생식을 목적으로 하지 않고 성욕만 즐기려는 기이한 현상"[19]을 우려하는 소리가 터져 나오기 시작했다.

이 "성욕의 유희화" 현상으로 인해 몸과 마음이 모두 성욕에 의해 지배되어 신경병, 신경쇠약이 되며 '성욕 병'에 걸리게 된다는 것이다. 성교 불능이라는 '남자다움'을 위협하는 의학담론이 널리 유포되었다. 남자라면 성욕이 왕성해야 한다는 '남자다움'에 집착하는 '성욕 병' '섹슈얼리티의 병'이 오히려 성교 불능이라는 신경병, 신경쇠약을 초래하게 되었다.

『신경병 시대』의 주인공과 아내의 예는 더 이상 픽션이 아니었던 것이다. 오다 슌조小田俊三는 「반드시 치료 가능한 신경쇠약의 가장 좋은 요법」(1923)이라는 글에서, 부부애가 원만하지 않을 경우, 부부 어느 한 쪽에 신경병이 발생하게 되어 있다고 언급하였다. 이 '부부애'를 방해하는 것으로는 "성교가 불완전하거나 불만족"한 경우가 가장 많으며, 그것은 부부 간의 정신적인 불쾌감과 생식기 계통의 질환을 초래할 수 있다고 말한다. "성욕이 현격히 차이가 날 경우"도 중요한 요인 가운데 하나로 들고 있다. 이어지는 글에서는,

남자의 성욕이 왕성한 반면 여자는 매우 담백하거나 관심이 없을 경우 남자는 빈번히 신경쇠약에 빠진다. 만약 반대의 경우라면 여자가 빈번히 히스테리에 빠

---

19) 村上鋭夫, 「性欲の遊戯化」, 『女性』9月號, 1923.

지게 된다. 그런데 히스테리 여성은 성욕의 변화가 매우 심하기 때문에 남자의 신경쇠약을 유발하기 쉽다.

『신경병 시대』는 후자의 경우에 해당한다. 이 오다의 논리는 다분히 남성 중심적이다. 남성의 경우, 성욕이 왕성하든 그렇지 않든 간에 신경쇠약을 초래한다는 전제가 바탕이 되고 있으며, 이와 반대로 여자는 신경쇠약에 걸리는 경우가 거의 없다는 것이다. 이 글을 게재한 지면이 여성잡지인 탓인지, 남편이 신경쇠약에 걸리지 않도록 히스테리를 자제하고 남편에게 순종하여 보조를 맞추라는 식이다.

어찌되었든 성욕으로 인한 신경쇠약, 성교 불능은 남자들만의 '섹슈얼리티의 병'으로 자리 잡아 갔다.

이 오다의 글과 나란히 '자양강장 음료 파피스' 광고가 실려 있는데, 광고 카피가 재미있다. "화장으로 꾸민 아름다움은 일시적이지만 파피스를 애용하여 얻은 천성天性의 아름다움은 영원하리. 빛나는 눈, 생생한 혈색, 화사한 피부, 풍만한 육체미, 왕성한 정력, 영원한 청춘, 이 모든 것은 파피스를 아침저녁으로 애용했기 때문이다. 마셔 보세요, 청춘의 샘물 파피스, 맛있는 파피스"라고 선전한다. 여성의 풍만한 육체와 남성의 왕성한 정력을 배가시킨다는 점을 특히 강조하고 있다.

성욕의 시대는 남자의 '섹슈얼리티의 병'을 초래한 시대이기도 하다. 남자들이 즐겨보는 잡지 『중앙공론中央公論』이나 『태양太陽』에도 이 병을 치료하기 위한 강장제 광고가 빈번히 게재되었다. 예컨대 '뇌병양약腦病良藥'의 '건능환建能丸', '생식기능 쇠약'을 치료하는 '토카핀', 남자의 뇌신경쇠약, 여자의 히스테리에 잘 듣는다는 '강정약强精藥', "생식기 장애에 효과가 있는 음위증세약陰痿增勢藥"이라는 '고스펠', "약자나 허약자를 건강하게 하고, 건강한 자는 정력을 배가"시킨다는 강장제 '브루토제', "세계적 자양강장제"라고 강조하는 '사나토겐' 등이다. 그러나 여성잡지처럼 병에 대한 고민을 상담하는 코너는 없었다.

수치를 무릅쓴 상담

남자는 '남자다움'을 과시해야 했기 때문에 이를 손상시키는 병은 은폐되었다. 오히려 여성잡지에 아내─여자가 남편─남자의 건강을 염려하는 차원에서 남자의 고민을 상담하는 코너가 마련되기도 하였다. 『부인세계』의 '심신 상담소'라는 코너가 바로 그것이다.

성병에 걸렸던 병력은 결혼 전이나 결혼 초에 털어 놓기도 했지만, '섹슈얼리티의 병'만큼은 남편─남자나 아내─여자나 고백하지 못하고 감추는 것이 일반적이었다. 그것도 여성의 경우는 그것을 고백할 수 있는 상담코너가 이곳저곳 마련되어 있었지만, 남성의 경우는 그러한 장場이 전무했다. '남자다움'과 관련된 병은 남자들에게는 더 없는 수치였기에 아무도 모르게 껴안고 있을 수밖에 없었다. 그렇기 때문에 병원을 찾기보다 잡지 광고에 등장하는 강정제나 통신판매로 구입한 기이한 기구들에 의지해 '남자다움'의 회복을 희구했던 것이다.

이러한 분위기가 만연한 가운데 사와다 준지로沢田順次郎, 하부토 에이지羽太鋭治, 1878-1929, 다나카 고가이田中香涯 등 이른바 '성욕학자'가 각광받기 시작한다. 이들이 개인적으로 출판한 통속잡지들이 많은 사랑을 받게 된다. 사와다의 『성性』(1920), 하부토의 『성욕과 인생』(1920), 다나카의 『변태성욕』(1922) 등은 그 대표적인 잡지들인데, 여기에 마련된 상담코너는 수많은 남성 독자들의 고백을 이끌어 내었다.[20]

---

20) 古川誠, 「恋愛と性欲の第三帝国」, 『現代思想』21—7, 1993.

〈그림 4-9〉『통속의학』표지

남자들이 드디어 고백의 장場을 발견하여 부부 간의 은폐된 성을 토로할 수 있게된 것이다.

1923년에는 건강잡지 라이프 매거진의 원조라고 할 수 있는 『통속의학』(1937년 종간)이 창간되었다(〈그림 4-9〉). 이렇듯 성에 관한 상담이 번성하면서 성욕의 시대도 본격화되었다.[21] 이들 잡지가 대중들에게 호응을 받을 수 있었던 것은 단순히 성적인 호기심을 충족시키는데 그치는 것이 아니라, 다른 사람에게 털어놓지 못할 성욕에 대한 고민이나 불안을 개인적으로 편지로 상담을 할 수 있었기 때문이었다.

천 명이 넘는 상담자

사와다의 경우, 1918년에 출판한 임신 관련 서적에서 독자의 질문을 받겠다고 공지하자, 매일 수십 명이 문의를 해 왔고, 일 년 동안 총 3,588명의 상담자가 상담을 요청했다고 한다. 사와다가 『성욕책性欲の本』을 집필하기 시작하면서는 천 명이 넘는 사람이 몰려들었다고 한다.

질문 빈도수로는 피임, 불임, 생식기 기능장애, 부인병, 신경쇠약 순으로 많았지만, 만약 질문 내용을 임신에 관한 것으로 한정하지 않았다면 생식기 기능장애와 신경쇠약이 가장 많았을 것이라고 사와다는 전망했다. 이에

---

21) サビーネ・フリューシュトック,「身の上相談欄と性科学の通俗化」, 研究会発表レジュメ, 1993.

사와다는 '성욕의 고민'을 본격적으로 들어주기 위한 책으로 『성욕에 관해 청년 남녀에게 답하는 책性欲に関して青年男女に答ふる書』(1919)을 간행하기에 이른다.

실제 상담의 예를 들어보자. 상담자는 32세 남자이며 28세에 결혼하였다. 아내는 18세에 첫 결혼에 실패하고 상담자와 27세에 재혼했다고 한다. 상담자는 "신체는 지극히 건강하며 아무 이상 없다"고 밝히며 다음과 같은 고민을 올려놓았다.

> 부끄럽게도 17,8세 무렵 나쁜 친구들과 어울리면서 자위를 배운 적이 있는데, 그 정욕이 대단하여 20세부터 27, 8세까지 상습적으로 하게 되었습니다.
> 그 영향으로 결혼 후 약간 뇌가 쇠약해지고 거기다 성교 불능 증세가 보이 시작했습니다. 점차 양기가 쇠하며 성욕이 감퇴되고 있습니다.
> 지금은 매달 1, 2회는 성욕이 일어나 성교에는 지장이 없습니다. 아직 아이가 생기지 않아 어찌해야 아이가 생길 수 있을지 고민입니다. (중략) 이것은 분명 소생의 나쁜 습관으로 인해 생식기에 질환이 생긴 탓이라 생각합니다. 모쪼록 좋은 치료법이 있을까하여 문의 드립니다. 진공요법기도 수소문해 사들여 두 번 정도 사용해 보았지만 너무나 바보같이 느껴져 던져 버렸습니다. 이러한 증상이 치료를 통해 깨끗하게 완치될 수 있도록 도와주시길 부탁드립니다.

상담 글을 올린 남성은 결혼 후 성교 불능, 성욕 감퇴 등의 증세가 보이는데 이러한 생식기질환의 원인이 결혼 전의 상습적인 자위 탓이라고 자가진단하고 있다. 이에 대해 사와다는 "자독自瀆=자위"로 인한 신경쇠약이 성교 불능으로 이어졌다고 진단하고, "그 해악은 시시각각 신체가 급격하게 쇠약해지거나 그렇지 않으면 수척하게 만들어 피골이 상접하게 된다"고 경고하고, "결혼 후, 가벼운 증상의 신경쇠약과 성교 불능 증세로 그친 것이 그나마

다행이며, 아이가 생기지 않은 원인은 물론 비상식적인 자위가 초래한 무정자증이거나 정자 결핍증일 것이다"라는 진단을 내렸다.

이 남성은 평소 사와다 책을 즐겨 읽는 독자다. 따라서 사와다가 그간 저술한 책에 근거해 자신의 병명을 특정하고 그 원인도 스스로 진단하기에 이르렀을 것이다. 그리고 사와다가 기술한 증세와 딱 맞아 떨어지는 데에 놀랐을 터이다. 이처럼 남성들의 고민이나 증세가 사와다의 진단에 의해 패턴화되는 경향을 보이게 된다. 어떤 의미에서 사와다의 진단이 오히려 병을 만들고 스스로 고민하게 만든 꼴이 된 것이다.

섹슈얼리티의 자기관리

사와다를 비롯한 당시 대부분의 섹솔로지스트는 성욕이나 섹슈얼리티, 정신의 부조화는 모두 '자독=자위'와 '과음過淫'에서 온다고 여겼다. 수음이나 과도한 방사로 인한 신경쇠약, 성교 불능, 생식기 기능장애, 생식기 질환이 하나의 전형적인 '섹슈얼리티의 병'의 경로인 것이다. 반대의 경우, 수음이나 과도한 방사에 의한 신경쇠약, 병적인 성욕, 색정항진증色情亢進症의 경로도 있다. 여성의 경우는 수음이나 과도한 방사로 인한 신경쇠약, 생식기 질환(자궁질환), 불감증 혹은 색정항진증이라는 경로를 거치기도 한다.

사와다는 '자위'를 방지하는 것을 성교육의 가장 큰 주안점으로 두었다. 아이들의 경우 유소년기부터 부모의 감시 하에 "성적 감정을 무디게 하는 방법"을 사용하여 자위를 예방하도록 하였다. 이를 위해서는 무엇보다 부모의 '성지식'이 필요했다. 아이를 감시하고 교정하는 역할이 부모에게 주어진 것이다. 나아가 남편―아버지, 아내―어머니도 스스로를 관리하고 감독해야 했다.[22] 섹슈얼리티의 관리는 가정을 유지하기 위한 중요한 전략이 되었다.

앞서 언급한 상담자는 결혼 전 습관적으로 행했던 '자위'를 부끄러운 일로 고백하고 있다. 성교 불능인 탓에 남자로서도 남편으로서도 떳떳치 못하며 아이를 갖지 못하는 것도 이 때문이라 자책한다. 그러나 남자―가장으로서 위엄을 지키려 할수록 그것을 털어 놓지 못하는 상황에 직면하게 되어 남편―남자의 고뇌는 더욱 깊어지고 고립되어 간다. 그것은 아내와 아들, 딸에 대한 엄격한 가부장권을 행사하는 것으로 성립되는 근대 가정상像을 정확하게 반영한 것이다.[23]

가부장권은 능동적인 남자의 본성, '남자다움'을 상징하는 정력을 은폐하고 그에 대한 심리적 부담을 털어 버릴 수 있는 권위였다. 그러나 '진공요법기'와 같은 요상한 물건에 매달려 감퇴된 정력을 회복하려 한다거나 '남자다움'을 되찾기 위해 필사적으로 노력해야 하는 유지될 수 있는 공허한 권위이기도 했다. '자위'나 '과음' 등 자기절제에 힘쓰는 것이 남자―가장의 본분이었던 것이다. 그러나 신경병, 신경쇠약, 성교 불능 등의 병에 걸렸다는 망상, 그리고 그것을 고민하고 치유하려는 모습에서 남자들의 근대를 상징적으로 읽을 수 있을 것이다. 이것이 바로 성욕 혹은 섹슈얼리티의 자기관리, 자기절제가 낳은 비극인 동시에 희극인 것이다.

섹슈얼리티의 은폐

아내―여자 역시 남편―남자와 마찬가지로 섹슈얼리티의 자기절제와 자

---

22) 赤川学,「オナニーの歴史社会学」,『岩波講座 現代社会学10 セックシュアリティの社会学』, 岩波書店, 1996.

23) 上野千鶴子,『近代家族の成立と終焉』, 岩波書店, 1994.

기관리의 역할이 부여되었다. 여성의 성은 수동적이고 남자에 비해 정력적이지 않으나 일단 성욕이 발생하면 정력이 훨씬 강하다고 말한다.

사와다 준지로는, "여자의 성은 수동적이고 사정을 하지 않아 성교에 있어 남자보다 덜 피로하다"라는 일반적인 속설을 부정한다. 성교는 결코 무해한 것이 아니라 근육과 뇌를 피로하게 하고, 게다가 '과음'에 의해 "생식기는 끊임없이 충혈을 불러일으키고 세균에 노출되기 쉬운 결과" 히스테리나 신경쇠약, 자궁내막염을 비롯한 '부인병', 정신이상도 생긴다고 하였다. 따라서 남자와 마찬가지로 자제하고 절제하도록 노력해야 하는데 여기서 여자의 성이 수동적이라는 점을 강조한다.

여성이 능동적으로 성행위를 요구하는 것은 생각할 수도 없었다. 단 "태생적으로 음기가 많은 여성"이 없지는 않지만, 이들은 '색정광' 즉 정신이상이라고 규정하였다. 남편의 요구에 순종하는 것이 일본 여성의 미덕이라는 것이다. 그러나 자칫 부부가 과도한 방사를 하거나 성욕의 해악을 초래하는 경우도 있는데, 이는 전적으로 "성욕 및 생식에 관한 지식"이 없는 아내의 책임이라고 말한다. 여기서 사와다는 아내가 절제할 것을 제안한다. 우선 부부의 침실을 따로 하고, 화장을 진하게 하지 말며 흥분하기 쉬운 음식물 섭취를 피하고 남편의 요구는 가능한 거절하도록 권한다. 또한 아내가 절제하기 이전에 남편의 절제가 필요하며, 무엇보다 남편의 입장을 우선시하는 것이 정숙한 아내의 자세라는 점도 강조한다.

이렇듯 '성性가족'의 '성 위생'을 지키기 위한 노력은 전적으로 아내에게 일임되었다. 결론적으로 남편의 건강을 위해 아내가 절제하는 것이 중요하다는 것이다.

다음 장에서 자세히 언급하겠지만 이러한 식의 담론은 끊임없이 반복된다. 『주부의 벗』(1937.8) 부록 『딸과 부인과 어머니의 위생 독본』에는, "남편이 출세하기를 바라는 분이나 훌륭한 일을 하도록 하려면 남편이 에너지를 낭비하지 않도록 주의하세요. 이것은 아내로서 가장 중요한 임무입니다", 혹은 "특히 아내는 생활 자체가 원래 수동적이므로 가능한 남편의 요구를 기분 좋게 들어주고 자신의 욕망은 억누르도록 수양해야 합니다"라는 기술이 보인다. 정숙한 아내라는 이름으로 가정을 지키고, 남편 내조 잘 하고, 남편의 성욕을 받아주고 자신의 성욕은 절제하도록 노력하는 것이 곧 아내의 '수양'이라고 강조하고 있다.

성욕, 섹슈얼리티의 관리·감시체제를 통해 남편―아버지, 아내―어머니, 아이라는 '성가족'의 위계 질서가 구축되어진 것이다. 특히 아내―어머니는 가족의 건강과 '성 위생'을 위해 성애 대신 모성애를 키워야 했고 무엇보다 성욕억제를 위해 부단히 노력해야 했다.

4. 성가족의 행방

영육일치의 연애

『이불』이나 『신경병 시대』나 모두 주인공들의 '자유연애'로 이루어진 가정이었다. 그런데 아이가 태어나고 가정생활이 계속되면서 사랑은 곧 시들어 버린다. '일가단란'이라는 문구는 이상에 지나지 않았다. 남편―남자는 육아와 가사에 전념하는 아내에게 더 이상 매력을 느끼지 못했다.

남성 작가들이 묘사한 부부·가정의 모습이라는 것을 느낄 수 있는 대목이다. 그 안에는 좋은 남편―아버지상은 없지만, 아내―어머니의 말에 잘 따르고, 일에 열심이지만 만족하지 못하고, 가정 안팎에서 제자리를 찾지 못하고 가정을 유지하는데 급급한 남편—아버지상이 부각되고 있다. 연정을 품었던 여제자를 떠나 보내거나(『이불』), 권태로운 부부생활이 아내의 임신(『신경병시대』)으로, 마치 아무 일 없었다는 듯 화목한 가정의 모습으로 포장한 채 소설은 끝을 맺고 있으나, 이것으로 과연 문제가 해결되었을까? 다분히 성적인 내용이나 마치 성적이 아닌 것처럼 가장한 비정치적인 소시민의 모습으로 말이다.

이 소시민 가정은 이념적으로는 애정과 모성애를 바탕으로 성립하였다. 사랑의 전도사라 할 만한 구리야가와 하쿠손厨川白村의 연애 담론은 그 절정을 보여준다. 구리야가와의 『근대의 연애관近代恋愛観』(1922)을 통해 20세기 초 '성가족'의 모습을 엿보기로 하자.

구리야가와는 1921년 신문지상에 「근대의 연애관」(이듬해 같은 제목의 단행본으로 개조사改造社에서 간행)을 발표하여 큰 호평을 받았다. 그는 이 글의 집필 계기가 "성욕만을 수다스럽게 떠드는 시대의 나쁜 풍조와 연애를 열정劣情이고 유희라고 보는 미망迷妄"에 격노했기 때문이라고 밝혔다. 전자는 하부토나 사와다와 같은 '성욕학자'를 이르는 말이고, 후자는 "인격적 정신적 결합"이 아닌 인습에 얽매인 "중매결혼"에 대한 비판이다. 특히 후자를 "강간결혼" "매춘결혼"이라며 강하게 비판하고 있다. 그렇지만 성욕을 전면적으로 부정한 것은 아니었다.

성욕의 정화에서 모성애로

구리야가와는 "성적연애"라는 말로 "영육일치"를 주장한다. 그것이 모든 미덕의 근원이며 남녀의 근본원리이자 가족형태의 원리라는 것이다. 또한 이 "성적연애"를 매개로 한 "인격적 결합"과 "성적결합"을 통해 "영육일치"의 가정이 탄생하고 그것이 일부일처제의 바탕이 된다는 것이다. 그리고 인류의 진화와 함께 성욕도 진화하여 연애와 결합한다고 주장한다.

> 인간이 처음 살았던 동물시대에는 이성과의 결합은 성욕만족과 생식욕망을 위해서였을 것이다. 그러나 점차 진화하면서 이윽고 욕망은 정화, 순화, 시화詩化되어 그곳에 연애라는 지상 최고의 정신현상이 나타나게 된 것이다. 이렇게 되니 이미 처음의 이른바 '열정劣情'이나 욕망은 완전히 무의식 저편으로 가라앉아 버렸다. 사랑은 덧없는 부초도 아니거니와 뿌리 없는 풀도 아니다. 어디까지나 깊고 강한 성욕에 뿌리내리고 있지만 그것이 연애가 되어 고귀하고 아름다운 꽃을 피워 모성애와 근친애로 결실을 맺게 될 때, 그것은 아마도 수렁 속으로 모습을 감추게 될 것이다.

구리야가와의 연애론은 성욕을 정화, 성화聖化한 것이 곧 연애라고 말하고 성욕을 생물학, 의학 담론으로부터 문학, 윤리, 철학 담론 영역으로 이행시켜 갔다. 그 때문에 호평을 받기도 했지만 다른 한편으로는 청년들을 번민하게 하는 연애지상주의라며 공격을 받기도 했다. 성욕의 문학과 나아가 이데올로기화가 시대의 사조에 정확히 들어맞았던 것이다. 그것은 구리야가와에 따르면 인간이 진화하는데 동반되는 성욕의 진화로, 연애라는 관념을 통해 성욕을 해소하거나 은폐하는 것으로 볼 수 있다. '열정劣情'으로서의 성욕은 사랑을 낳고, 연애, 모성애, 근친애로 회수되어 정화되고 승화되는 것이다.

구리야가와의 연애론에서 가장 중요하게 다루고 있는 것은 남녀가 서로 정조를 지키고자 하는 자제력이었다. 그것이 연애의 "성적 도덕의 기초"가 되며 성욕을 정화, 순화하고, 성욕(성적본능)과 연애(성적이상)를 합일시켜 "영육일치"에 이르는 길이라고 설명한다. 연애를 통해 이룬 '신성한 가정'을 가장 이상적인 가정상으로 꼽았다.

성욕을 포섭한 구리야가와의 연애론은 당시 많은 인기를 구가하였다. 반면 하부토 에이지는, "연애는 성욕에 입각한 것이지 성욕의 충동으로 일어나는 것은 아니다"[24]라고 단언하며 정신적인 측면을 그다지 중요하게 여기지 않았다.

성욕을 자제하라는 논의는 질적으로나 양적으로나 숫자만 중시하는 출산장려정책에 대한 비판이 되기도 했으며 당시 각광 받던 산아제한운동의 사상적 기반이 되기도 하였다. 특히 질 좋은 아이만 선별하여 적게 낳자는 산아제한운동은 우생주의사상과 쉽게 결합되는 측면을 갖고 있었던 점에서 주의를 요한다.

성욕은 열정劣情에서 시작해 연애, 모성애, 근친애, 그리고 인간애로 발전해 간다. 이 구리야가와의 성욕 진화론은 각 단계에서의 성욕 감퇴를 전제로 한다. 연애의 괴로움으로 성욕이 감퇴하는 것이 제1단계다. 뒤이어 아이가 태어나면 아이에 대한 애정으로 성욕은 더욱 감퇴한다. 특히 여성의 경우는 출산으로 모성애가 생겨나 성욕이 감소하게 된다고 주장한다. 성욕을 자제해야 하는 근거를 연애와 모성애를 들어 정당화하고 있는 것이다. 구리야가와는 여기서 더욱 진화하여 인간애로 승화하면 '제3제국'에 이르게 된다고 말한다.

이 '제3제국'은 차치하더라도 모성애라는 이름으로 여자—아내—어머니의 성욕을 억제하는데 문제가 있다. 반면 남자—남편—아버지의 경우는 아이에 대한 사랑, 근친애를 빙자하여 성욕을 자제토록 했다.

한편 성욕자제와 모성애를 기반으로 한 '성가족'과 달리 성욕을 정당화하

---

24) 羽太鋭治, 『性慾と恋愛』, 日本評論社出版部, 1921.

는 논리도 출현하였다. 매춘이 그것이다. 모성애가 가정 내 성욕, 섹슈얼리티의 발현을 억제하고 은폐하는 것을 가능하게 한 데에는 매춘의 영향력도 있었다.

모성애는 남편—남자나 아내—여자의 성욕 과소 혹은 과잉을 은폐한다. 좋은 유전자를 가진 아이를 낳고 기르는 것으로 '성가족'은 근대 가족으로서의 사명감을 다하게 된다. 이로써 국민국가를 기반으로 한 근대 가족이 탄생하게 되는 것이다. '성가족'은 모성애를 매개로 일거에 국민국가로 수렴되어 버리게 되는 것이다. 구리야가와의 『근대의 연애관』이 간행된 지 20년이 채 되지 않아 '모성'은 '민족 위생'이라는 미명 하에 우생주의 사상과 결합하게 되고 국가를 지탱하는 사상적 자원으로 자리매김되어 간다. 모성애는 국가애=내셔널리즘으로 승화되고, 침략전쟁을 짊어진 '모성애의 공동체' 담론 안으로 회수되어 버린다.

여자는 모성애를 담당하여 남자—남편이 부재하는 '성가족' 안에서 성욕을 은폐하고 부모자식 간의 사랑을 키우며 '성가족'을 지켜야 했다. 그리고 남자는 전장戰場에서 능동적인 남성성을 증명하기 위해 무력과 성욕을 발산해야 했다. 그러나 모성애에 기대어 성욕을 은폐하고 자제했던 '성가족' 내부에는 성욕, 섹슈얼리티에 관한 고민과 병이 끊이지 않았다. 바야흐로 남녀 모두 '남자다움'과 '여자다움'이라는 틀에 얽매여 섹슈얼리티의 병에 걸리게 되었다.

5장
남자다움과 여자다움의 신화

1. 성생활을 위한 정보

출판 자본주의 문화

다이쇼에서 쇼와에 걸친 시기는 메이지 말에 창간되기 시작한 여성잡지가 붐을 이룬 시기였다. 이들 잡지는 시사, 논평 등 남성 독자를 주요 대상으로 삼았던 기존의 잡지와 달리 요리나 재봉을 주제로 한 소책자 부록이 끼워져 있었다.

특히 흥미로운 것은, 가족 의학을 테마로 한 소책자 부록이다. 초경에서 결혼, 그리고 임신에서 출산에 이르는 여성의 라이프사이클에 관한 통속적인 지식을 망라하고 있으며, 여성의 고민이나 병에 대해 세심하고 친절하게 해설하고 있다. 여성 특유의 병이나 위생을 공유할 수 있어 여성들에게 인기가 많았다. 남자의 고민이나 병이 은폐되었던 것과 달리 여성의 그것은 공론화되었던 것이다.

앞서 언급한 『주부의 벗』 부록 『딸과 아내와 어머니의 위생 독본』은 통속적인 여성 의학서라고 할 수 있다. 여성잡지들은 앞 다투어 이러한 소책자 부록을 기획하여 여성 독자 확보에 나섰다. 이들 책에서는 지금은 당연시되거나 잊혀진 다양한 통속적 섹슈얼리티 지식을 발견할 수 있다.

이 통속적이라는 말은 대중적이라는 의미로 당시 상당한 인기가 있었음을 대변하는 말이다. 근대 출판 자본주의 문화가 발전함에 따라 지식이나 정보는 불가피하게 통속화되는 과정을 거치기 마련이며 이를 통해 공통된 가치관이 형성되고 일정한 상식으로 자리잡게 된다. 이 통속화 과정이 없다면 지식이나 사상은 고립되어 특권적인 것이 되거나 역사의 저편으로 사라져 버릴 것이다.

지금까지 언급한 기타무라 도코쿠나 요사노 아키코, 히라쓰카 라이쵸, 이토 노에 등은 모두 시대를 앞서가는 사상을 펼쳤다. 무엇보다 독자성을 유지하면서도 통속화 과정을 거쳤기 때문에 폭넓게 받아들여질 수 있었던 것이다.

이 글에서 자주 언급하는『통속조화기론』이나『이불』,『부인 가정 위생학』등에 보이는 통속적 사상이나 지식이야말로 살아 있는 근대문화라고 할 수 있을 것이다.

자본으로서의 성욕

『딸과 아내와 어머니의 위생 독본』은 성욕에 대해 다음과 같이 흥미롭게 설명하고 있다.

성욕의 본능은 인간이 살아가기 위한 에너지의 원천이다. 따라서 그것을 무리하게 억누르고자 열심히 노력하는 것은 마치 장사에 사용할 자본을 잃는 것과 마찬가지다. 다른 사람에게 보이지 않도록 깊게 움막을 파서 숨겨두려고 하면 그 움막을 파는 데에도 막대한 자본이 소비되어 원금도 이자도 모두 건질 수 없게 될 것이다. 이 힘을 적당히 일을 위해 사용하거나 건전한 운동이나 성생활에 사용한다면 자본을 적당히 투자하여 회수할 수 있게 될 것이다. 그런데 안에 사장한다면 아무 것도 얻을 것이 없다. 에너지는 건전하게 외부에 투자하여 회수해야 하며 또 그것을 활용하는 식으로 유용하게 사용해야 한다. 또한 자본을 낭비하지 않는 것이 곧 자본력을 늘리는 것이므로, 절욕으로 부부생활이 윤택해 지는 것은 말할 것도 없다. 이것만 잘 이행한다면, 인간의 생활은 활기에 넘치고 인생은 유쾌해질 것이다.

성욕을 예컨대 '기氣', '정력'과 같은 생명에너지에 비유하는 것이 아닌, 자본에 빗대어 설명하고 있는 점은 근대 산업사회, 근대 자본주의의 특징이라 할 수 있다. 또한 성욕을 저속하고 더러운 것으로 표현해 온 기존의 담론과 달리 인간이 살아가기 위한 근원적 에너지로 표현하고 있는 점에서 큰 변화를 감지할 수 있다.

금욕禁慾 즉 성욕을 억압할 것이 아니라 땅 안에 매장된 자원을 발굴하듯 내면에서 일깨워 일이나 운동, 성생활에 적절하게 사용할 것을 권하고 있다. 또한 자본을 투자하여 이윤을 창출하는 것처럼 자신에게 유용하게 사용하되, 낭비는 경계하고 절약과 절욕을 장려하였다. 바야흐로 남녀 무두 '정액의 경제학'[1] 혹은 '성욕의 경제학'의 지배 아래에 놓이게 된 것이다. 여자의 경우는 이에 더하여 '모성의 경제학'에도 종속되었다.

천박한 공리주의와 효율주의가 문화를 지배하게 된 것이다. 성욕을 원하는 대로 발산하는 것이 아니라 일이나 운동으로 승화시키라는 설교는 마치 프로이드의 성욕론性慾論을 연상하게 한다. 자본으로서의 성욕의 컨트롤이 근대인의 주체형성의 요건이 된 것이다. 활기차고 유쾌한 생활과 인생은 바

---

1) 金塚貞文,「消費社会のセクシュアリティ」,『岩波講座 現代社会学10 セクシュアリティの社会学』, 岩波書店, 1996.

로 성욕의 컨트롤 방법 여하에 달려 있다는 어떻게 보면 매우 명쾌한 공식이 성립하게 된다. 그러나 성욕을 컨트롤한다는 것이 그렇게 간단한 일이 아니었으며 성욕을 어느 정도 발산해야 좋을지 등으로 남자나 여자나 곤경에 빠지게 된다.

성생활을 위한 수양

이 『딸과 아내와 어머니의 위생 독본』의 중요한 테마 가운데 하나는 딸이든 아내이든 어머니이든 여성으로서 어떻게 성욕에 대처할 것인가 하는 문제였다. 그것은 또, 딸다움, 아내다움, 어머니다움, 그리고 여자다움이란 무엇일까 하는 문제와 맞물려 남자다움에 대한 정의로 이어지기 시작했다. 근대 남녀의 섹슈얼리티 구성 방식을 엿볼 수 있는 대목이다.

무엇보다 "어떻게 하면 성생활이 조화로울까?"하는 문제에 천착한 '성생활'에 대한 분석이 흥미롭다. '성생활'이라는 단어를 직접적으로 사용하고 있는 것은 물론 이것을 비중 있게 다룸으로서 어떤 의미에서 특권화해 간다. '부부생활'이라는 말도 사용하긴 하지만 '성생활'이든 '부부생활'이든 남녀의 성기 결합에 초점이 맞추고 있는 점에서 공통된다. 결국 남자와 여자의 섹슈얼리티 문제는 부부의 성생활을 중심으로 구축되었다고 할 수 있다.

맛있는 음식만 먹으면 싫증나기 마련이므로 질리지 않는 '쌀밥'처럼 성생활에 있어서도 기교를 탐닉하지 말도록 하며, 아내는 자신의 성욕을 억제하고 무조건 남편에게 순종하도록 권하였다. 결론적으로 아내가 남편의 성욕에 종속되는 것이 바로 '성생활의 조화'인 것이다. "특히 아내는 생활 자체가 수동적이기 때문에 가능한 그 요구를 기분 좋게 수용하고 자신의 욕망을 억누를 수 있도록 수양해야 한다"고 강조하는 것으로 여성의 섹슈얼리티의 '수동성'을 부각시켜 갔다.

여성의 '수동성'을 정당화하는 기술은 여기서 그치지 않는다. 여성은 성욕을 스스로 컨트롤해야 한다고 명시하고 "여성은 정력적이 아니며, 능동적이지도 않다" "본래 여성은 조심성이 많아 욕망을 스스로 잘 억제할 줄 안다"라는 식의 주장을 편다. 그런데 이처럼 여성의 '수양'을 적극 권장하는 담론의 이면에는 여성이 성욕을 스스로 컨트롤하지 못할 경우의 공포감이 함께 자리하고 있음을 엿볼 수 있을 것이다.

여자의 수동성

수양의 필요성은 여성의 성욕을 남성에게 종속시키고 억제하도록 하는 데에 그 목적이 있다고 할 수 있다. 이것 외에도 "여성은 대체로 유아적"이라는 점도 수양의 필요성으로 제기되었다. 본래 수동적이고 유아적인 여성은 성생활에 있어서도 "처음에는 내키지 않더라도 참고 노력하면 자신도 예기치 못한 감정이 솟아 오른다"라며 성생활에 있어 수양의 필요성을 역설하였다. 남성의 성욕을 위해 여성의 성욕 혹은 성감이 개발되어야 한다는 것이다.

반세기가 경과했지만 여전히 메이지 초기의 『통속조화기론』에 등장하는 내용을 반복하고 있다. 여성은 감정적, 정동情動적, 유아적, 수동적, 종속적인 존재로 규정하였고, 남성은 이를 뒤집어 설명하고 있다. 이 여성은 본래 '수동적'이라는 말은 단순히 정신적인 것이나 성적인 것에만 해당하는 것은 아니었다. 신체적인 면에서도 수동적이라는 근거를 다음과 같이 설명한다.

여성에게만 존재하는 이 자궁은, 그것이 큰 장기임에도 불구하고 견실한 버팀
목이 없다. (중략) 과격한 운동을 하면 자궁에 무리를 주어 곧 동요하게 됨은 누
구든 수긍할 것이다. 이렇게 약한데다 견실한 버팀목까지 마련해 주지 않은 것
을 보면, 여자가 지나치게 설치지 못하도록 처음부터 조물주가 고안한 것일지
모른다.

『통속조화기론』에 따르면, 배란과 월경 시 자궁이 염증을 일으켜 신경
을 아프게 하고 히스테리나 광기에 빠지게 하여 본래의 온화한 성품을 잃
게 된다고 기술하고 있다. 이를 조물주가 처음부터 고안한 것이라고 정당
화하며 자궁을 불안정하고 취약한 기관 혹은 '병의 그릇'으로 자리매김하
고 있다.

부인병(자궁병)을 치료하는 약과 기구가 당
시 폭발적으로 팔려 나갔는데, 여성지의 광고
란은 이를 선전하는 문구들로 넘쳐났다. 『딸과
아내와 어머니의 위생 독본』의 경우만 하더라
도, "쉬운 가정요법으로 비밀스럽게 자궁병과
냉증 해결"(와세톤큐ワセトン球'라는 제품), "부
인병에는 태양등(〈그림 5-1〉), 대단한 효과로
호평!!"('니치오 아크日歐アーク 태양등'이라는
제품) 등의 문구를 손쉽게 접할 수 있다.

첫 번째 광고에는 "부인병으로 인해 국부
에서 악취가 나 남편이 싫어할까 염려되어
어떻게든 집에서 비밀리에 치료하고 싶어 자
궁 세정제와 좌약, 민간요법 등 모든 방법을

〈그림 5-1〉 '니치오 아크 태양등' 광고

동원해 보았으나 허사였고, 결국 의사에게 처방 받은 '와세톤구'로 완쾌되었다"고 고백한 여성의 체험기가 게재되어 있다. 두 번째 광고에는 "니치오아크 태양등은 가정의 태양입니다. 자외선, 적외선, 가시선 등 귀중한 광선을 모두 종합적으로 비추어 아무리 고치기 힘든 중병인 부인병이라고 하더라도 가정에서 손쉽게 치료할 수 있다"고 선전하며 "아이들도 손쉽게 사용할 수 있는 구조로 조금도 번거롭지 않다"라는 친절한 설명까지 덧붙이고 있다. 여성을 아이와 같은 레벨로 취급하고 있음을 엿볼 수 있다.

또한 이들 약품과 의료 기구는 『주부의 벗』 출판사로 신청하면 각 대리점이나 특약점을 통해 직접 배송된다고 선전한다. 아무에게 알리고 싶지 않은 병을 비밀리에 가정에서 치료할 수 있는 길이 열리게 된 것이다. 의학 문화가 융성한 배경에는 우편 보급이 활발해진 것과도 관련이 있다.

병원을 찾지 않고 자가진단을 통해 병을 추정하고 통신판매로 약품이나 기구를 구입하여 스스로 치료하는 간이 의학 문화가 널리 퍼져 나갔다. 이러한 익명의 의학 문화는 병을 오히려 악화시키고 고민을 심화시켜 여성의 "취약성의 신화"를 재생산해 갔다. 이 같은 현상은 여성에게만 있는 것이 남성들 사이에서도 만연하였다.

2. 남자다움의 병

남자의 능동성

『딸과 아내와 어머니의 위생 독본』은 여성을 주요 독자로 삼고 있으나 남성에 관한 기술도 곳곳에 보인다. 남편의 이미지는 이를테면 "부부생활에 있어 남편 쪽이 통상 능동적이기 때문에 아내에 비해 신체적 부담이 크다"고 말하며 남성의 '능동성'을 부각시키고 있다. 앞선 기술에서는 아내가 '부부생활'에 흥미를 갖지 않을 경우 이를 문제 삼았으나, 거꾸로 남편이 '부부생활'에 흥미를 갖지 않을 경우는 그다지 문제가 되지 않는다고 말한다. 그 이유는 아내는 본래 '수동적'이기 때문이라는 것이다. 그러나 이 문제는 남편—남자의 입장에서는 중대한 고민이었다.

여성의 경우 신혼 때 무분별하게 성을 탐닉하지 말도록 하였다. 왜냐하면 "남편이 아내의 모든 것을 알아 버리고 그것에 익숙해지게 되면 마비되어 점차 매력을 느낄 수 없게 된다"는 것이다. 이것은 남편으로 하여금 아내에 대한 신비감을 유지토록 하여 애정표현에 신선함을 잃지 않도록 하라는 '정액의 경제학' '성욕의 경제학'에 바탕을 둔 발상이라고 할 수 있다.

그런데 남자의 입장에서는 바로 그 능동성으로 인해 '부부생활'에 막대한 부담을 느끼게 된다. 이것은 신체적인 면뿐만이 아니라 정신적인 면에도 중대한 영향을 미치게 되는데, 두통, 이명, 현기증, 권태감을 동반하며 주의력이 분산되고 집중이 불가능하게 되어 결국 '신경쇠약 징후'가 나타나며 '일시적 신경쇠약' 증세도 나타난다고 한다. 그렇다고 해서 "정력적으로 아무런 문제가 없다면 염려하지 않아도 되는가 하면 그렇지 않다. 육체적으로는 아무 문제가 없다고 하더라도 그것이 정신적인 면에 미치는 영향까지 고려한다면 무서운 결과를 초래할 수도 있다"고 말하며 주의를 환기시킨다. 남성의 정신적인 측면을 강조하고 있는 것이다.

성적 불능의 각인

여기서 "정신적인 면에 미치는 영향"이란 '성적 불능' 즉 임포텐츠를 의미한다. 이를 "성생활이 전혀 불가능한 무늬만 부부"라는 말로 정의내리고 있다. 또한 사회적 이목 때문에 "성적 불능자라도 결혼"하는 경우가 많음을 지적하며 성적으로 무력한 남성, 아이를 생산하지 못하는 남성을 향한 조소를 드러내었다. "여자는 좋은 아이를 낳고 자손을 번창시켜야 한다"라는 '모성의 경제학'이 여자뿐만이 아니라 남자에게도 적용되고 있는 것이다.

불임에 대한 책임이 더 이상 여성만의 몫이 아닌 남성 쪽에도 책임을 묻는 시대가 도래한 것이다. 그만큼 통속적, 전문적, 의학적 지식이 광범위하게 보급되었다는 의미일 것이다. 당시 한 승려가 성적 불능자이면서 무구한 처녀를 속여 결혼한 사건이 대대적으로 보도되기도 하였다. 이 사건은 여자 측이 사죄하라는 내용의 문구를 석간 신문광고란에 게재해 알려지게 되었다고 한다. '출산의 그릇'인 여성이 남성의 성적 불능으로 인해 자식을 낳지 못하게 되는 것은 사회적으로도 큰 문제였던 것이다. "성적 불능자라도 결혼하는 경우가 많다. 이는 물론 부도덕한 일이다"라며 성적 불능자를 도덕적으로 단죄해야 한다는 주장이 설득력을 얻고 있었다.

남자다움, 성기에서 찾다

임포텐츠는 젊은 사람의 경우는 신경쇠약, 중년층의 경우는 당뇨병, 신장병, 허리디스크, 알코올 중독 등의 만성병으로 인해 발병한다고 말한다. 특히 '성적 신경쇠약'은 당시 유행병으로 알려졌다. 주요 증세로는 성욕 감퇴, 조루, 몽정을 유발한다고 한다. 여기에서도 "청년기의 악습(자위)이 병의 원인"이라

고 지적하고 있다. 이 병을 치료하기 위한 호르몬 주사나 기구, 약이 통신판매를 통해 나돌고 있었다. 이 『딸과 아내와 어머니의 위생 독본』에도 '미라클 배양기'(〈그림 5-2〉), '스페르마 요법기'(〈그림 5-3〉), 등의 광고가 실려 있다.

〈그림 5-2〉 '미라클 배양기' 광고

부부애를 파괴하는 생식기의 크기, 성의학계의 경이적 발명! 미라클 배양기 부부애의 결핍은 가정의 평화를 위협하는 위험 신호입니다. (중략) 원만한 부부생활을 위해 '미라클 배양기'로 강화할 것을 자신 있게 권합니다. 미라클 배양기는 (중략) 바로 생식기 기능에 활력을 주어 성적 신경쇠약을 단시일에 회복시켜주는 특수한 작용을 합니다. 게다가 생식기의 발육을 강화하고 촉진시켜 성교 불능, 포경, 조루, 자위로 인한 해로움을 치료하고 자위의 나쁜 습관은 사용하는 가운데 자연스럽게 교정되는 신발명품입니다. 미라클 배양기는 유사類似 치료기와 전혀 다른 발군의 특허 장치입니다. 침대에서 조용히 혼자 치료할 수 있어 매우 편리합니다. 이 기구는 매월 3천대를 돌파하며 절찬리에 판매되고 있습니다!!

앞서 언급한 '부인병' 치료약품 광고와 좋은 대조를 이룬다. 남성 생식기의 크기는 물론 그것의 기능에 초점을 맞추고 있다. 즉 '여자다움'은 성격이나 기질에서 찾고 있지만 '남자다움'은 생식기의 모양이나 기능에서 찾고 있는 것이다. 그러나 이것에 너무 얽매이면 '성적 신경쇠약'이라는 병에 걸린다고 경고하지만, 일반적으로 성적능력, 정력적인 것이 곧 '남자다움'의 지표이자 통념으로 자리 잡았다.

164　섹슈얼리티의 근대

물론 여성다운 신체를 강조하거나 남성다운 성격이나 기질을 강조하기도 한다. 성적 불능은 "기가 약하고 쭈뼛쭈뼛하며 소극적이며 결벽증이 있고 잔걱정이 많은 성격"이거나 "여성적이고 온화한 성격"인 사람들 가운데 많다고 말한다. 또한 "부부의 성적인 관계는 남편이 능동적이고 부인이 수동적인 것이 일반적이다. 만약 남편이 비굴한 기분을 갖는다면 성생활에 있어서도 능동적인 힘이 사라져 무능해 진다"고 하여 남자답지 못한 것도 무능한 것으로 간주하였다. 남자가 능동적이고 여자가 수동적인 것이 자연스럽고 당연한 것으로 치부되었다. 그것은 비단 성적인 관계에만 해당하는 것이 아니라 사회 전반에 걸쳐 기능하였다. 임포텐츠는 남자의 '능동성'에 사로잡힌 병, 즉 '남자다움의 병'이라 할 수 있다. 앞서 언급한 치료기 광고는 실로 어마어마하게 많다. 그렇긴 하지만 『딸과 아내와 어머니의 위생 독본』처럼 남성판 통속 의학서는 출판된 예가 없다. 여성잡지라고 해서 여성 독자만 있었던 것은 아닐 테지만, 여성이 남성에 비해 남자의 병에 관한 지식을 많이 섭렵할 수 있었으리라는 점은 확실해 보인다.

실제로 '능동성'과 같은 남자다움의 상징은 도처에 흘러넘치나 남자다움의 결여에 관한 담론은 은폐되는 경향이 강하다. 그 대신 임포텐츠 치료기라든가 산아제한 혹은 성병예방을 위한 콘돔 광고가 범람한다. 남성은 비대해진 '남자다움의 신화'에 사로잡혀 그야말로 '미라클 배양기'나 '스페르마 요법기'(〈그림 5-3〉) 광고가 선전하는 문구처럼 "조용히 혼자서"

〈그림 5-3〉 '스페르마 요법기' 광고

'남자다움의 병'과 외로이 사투할 수밖에 없었던 것이다.

3. 여자다움의 병

남자의 성적 위기

『딸과 아내와 어머니의 위생 독본』이 출판된 것은 중일전쟁 발발 직후인 1937년 7월이었다. 다이쇼기 부터 '직업 부인'이라는 말이 등장하였고 여성의 사회진출도 활발해졌다. "여성이 밖에 나가 일하는 현상은 아무리 독일 나치정부가 환영하지 않더라도 아무리 일본의 회고주의자가 싫어한다고 하더라도 어쩔 수 없는 사회 분위기로 앞으로도 점점 더 많아질 것"이라며 여성의 사회진출을 불가피한 사회현상으로 받아들이고 있다.

그런데 아내—여성이 경제력을 갖게 되면서 "남편에게 복종하지 않는 경향" "성생활을 너무나 제멋대로 하는 경향"이 있다고 지적한다. 도시에 한정된 이야기이지만 여성이 경제력을 갖게 되면서 능동적이 되고 이에 비해 남성은 수동적이고 열등감을 갖게 되었다는 것이다. 바야흐로 남성의 임포텐츠가 유행병으로 확산되어간 것이다.

'직업 부인'이 늘어나면 미혼자와 노처녀도 증가할 것이라는 우려의 목소리도 등장했다(당시 결혼 적령기는 21세 전후로 여겨짐). 여자 나이 25세가 넘으면 "순결하더라도 처녀라 말할 수 없으며 점차 시들어가는 꽃처럼 노처녀가 된다"며 여성의 가치를 결혼 여부와 나이로 평가하고 있다.

또한 혼기를 놓친 여성은 "충분히 결혼 가능한 여성이면서 (중략) 금단생활을 계속하는 자" "신경질적인 자, 걸핏하면 성적 신경증세를 보이고 강박관념으로 여러 신경증세를 보이는 자"라고 규정하고 이들에 대한 세간의 선

입견에 대해서도 기술하고 있다. 이를테면 "세간에서 노처녀의 심리를 특수한 것으로 취급하여 남들의 행복한 결혼생활을 부러워한다거나" "사랑의 충동"을 느끼지만 이를 억압하려 하기 때문에 "일종의 신경쇠약 증세를 수반하여 비뚤어진 심성을 갖게 되며 행복한 부부를 질투하거나 이를 방해하려는 마음, 세상을 저주하는 심리로 가득"하다 식의 '노처녀'에 대한 편견도 언급하고 있다.

중일전쟁 이전까지 여성잡지의 직업부인에 대한 논조는, 일단 능력은 인정하지만 여전히 비판적이다. 예컨대 '일하는 아내'들은 경제력을 갖추었기 때문에 위험하다는 식이다. "여성들은 대부분이 남성에 대해 열등감을 갖기 때문에 남성보다 우월한 위치에 서게 되면 복수심을 갖거나 잔인한 심성을 갖는다"고 단언한다. 여성은 선천적으로 열등감이 많은데 그것에 대한 반발심리라는 것이다.

예컨대 직장 내에서 유부남과 바람난 여성은 "자기 중심적인 히스테리 기질의 여성"이라고 간주한다. 그 상대 유부남은 전혀 문제 삼지 않는다. 이 히스테리 기질이나 '잔인한 심성' '신경증세'는 모두 여성의 선천적인 기질이며 '여성다움의 병'이라는 것이다. 정신적인 면은 도외시하고 오로지 기질 문제로 환원하고 있는 것이다.

미혼여성, '노처녀'만이 아니라 기혼여성의 경우도 여성의 선천적인 기질(성격)로 인해 종종 히스테리 증세를 보이며, 불감증(냉증)도 여성의 대표적인 질병으로 거론되었다. 앞서 언급한 '성적 신경증세'란 곧 불감증을 의미한다.

히스테리와 월경

히스테리 증세는 남자나 아이에게도 일어날 수 있지만 일반적으로는 여성 특유의 병으로 간주되었다. 대표적인 히스테리 증세로는 "신경이 과민하고 자극에 예민하며 감정 변화와 변덕이 심하고 다른 사람의 말에 쉽게 영향을 받으며" 이와 함께 시기심, 강한 질투심, 유아적, 자기 중심적인 성향을 들고 있다.

히스테리 증세는 앞서 언급한 미혼여성, 노처녀를 포함한 대부분의 여성에게 해당하며 생리적인 요인과 성적인 요인이 중요한 영향을 미친다고 말한다.

이를 설명하기 위해 프로이드 설을 인용하여, "소아기에 형성된 성적흥분이 충분히 해결되지 않아 성적 요구와 도덕적 억제가 무의식중에 투쟁을 일으켜 그 자극에 의해 일어나는 것입니다. 따라서 그 안에 잠재하는 관념, 즉 자신도 의식하지 못하는 감정의 골을 발견하여 밝은 곳으로 꺼내게 되면 치유되는 것입니다"라는 견해를 내놓기도 했다. 즉 정신치료를 하라는 말이다. 실제로 정신치료를 하는 경우는 드물었지만 '성욕'이 시대의 키워드였던 만큼 성적인 말들이 유행하였다.

히스테리는 남녀를 불문하고 매우 보편적인 병으로 간주되었으며, 유아기의 '성적 흥분'이 바르게 해소되지 못하여 생리적 · 정신적인 갈등을 야기한다는 것이다. 다른 한편에서는 히스테리는 유전되는 것이며 여성특유의 병으로 다뤄져왔다. 최근까지도 이러한 인식이 지배적이어서 월경시나 임신시 히스테리가 더욱 심해진다고 알려졌다. 특히 주목하고 싶은 것은 월경 무렵이다. 월경과 도벽의 상관관계를 분석하는 담론은 서양에서도 어렵지 않게 찾아 볼 수 있으며 일본의 경우도 서양의 정신 의학서나 범죄학 관련 서적을 참조하여 히스테리의 원인 규명에 힘써왔다.

의학적인 측면에서는 여전히 "월경시에는 내분비 밸런스가 깨져 심신이 모두 허약해진다"라든가 "여성의 정신과 신체 활동이 월경 전이나 월경 중에 매우 민감해져 평정심을 잃게 된다"라며 정신적, 신체적 스트레스를 주요 원인으로 보고 있다.

그리고 "월경을 시작하면 여성의 체내에 월경독이 생겨 뇌신경을 자극"한다거나, "월경 전에 난소에서 호르몬이 분비되면 자극을 취사선택하는 작용이 이것에 중독되어 작동을 멈추고 (중략) 자극이란 자극은 모두 뇌로" 흘러가 뇌가 매우 피로해져 신경쇠약 증세를 보이게 된다고 설명한다. 그야말로 월경은 뇌와 신경의 병리적 상태를 야기하는 주범인 셈이다. 당시 '월경광月經狂'이라는 병명까지 등장했고 도벽이나 방화, 살인, 자살 등이 "대부분 무의식 중에 발작적으로 일어난다"고 설명한다.

따라서 월경 중일 때는 신체를 신중하게 감시, 관리하지 않으면 안 된다는 의학 담론이 널리 확산되었다. 단순히 히스테리나 범죄행위를 예방하기 위한 것만은 아니었다. 그 이상으로 이른바 신체의 위생 즉 '자위의 나쁜 습관'을 예방하기 위함도 있었다. 이것은 남자에게만이 아니라 여자에게도 중요한 사회문제였던 것이다. 『딸과 아내와 어머니의 위생 독본』에도 월경시 대처법이 매우 상세하게 기술되어 있다.

지금까지 일반적인 방법으로 알려져 온 질 삽입법은 비위생적이라고 주의를 준다. '부인병'에 걸릴 위험이 있으며 "처녀막에 손상이 가기 쉽고, 그로 인해 정조가 의심받을 수 있다"고 경고한다. 시중에서 고무제품의 생리대가 유통되고 있으나 이것은 통풍이 되지 않아 비위생적이며, 면 생리대 제작법을 소개하고 있다. 또한 고무로 만든 생리대는 사타구니 부분을 자극하여

'자위'를 유발할 수 있다고 경고한다.

공포스러운 담론

결혼의 조건으로 '처녀성'이 매우 중시되었다. "한없이 깨끗한 처녀의 마음과 청정무구한 몸", 그것은 정신적인 측면만 강조해왔던 예전과 달리 처녀막이라는 물질적인 부분에서도 보장 받아야 했다. 나아가 자위로 인해 처녀막이 손상되며, "무의미하게 중요한 처녀성을 잃게 되며 발육이 진행되는 시기에 건강에 여러 해를 미치며 그 업보는 결혼 후까지 미치게 된다"고 기술하고 있다. 이처럼 '처녀성'의 상실로 정조가 의심 받게 되는 상황을 무엇보다 우려하였다.

이 "성적악습"이 "결혼난이 더욱 심해진 지금" 더욱 빈번해질 것을 우려하고 있다. "신문이나 잡지 등에서 그 위험성을 인지"하고 죄악감에 시달리면서도 "습관성이 되어 (중략) 극심한 신경쇠약으로 인해 심신이 모두 녹초가 되고 있다"며 출판 자본주의에 농락당한 청소년들의 실태를 거듭 설명하고 있다. '성적 악습'에 대한 공포감과 죄악감을 끊임없이 환기시키고 있는 것이다.

나아가 '성적 악습'은 "무모증이나, 국소기형, 냉증"을 유발하고 급기야 결혼이 불가능한 몸이 되고 만다고 말한다. 또한 "심한 성적 신경쇠약을 일으켜 척수병脊髓病이나 정신병까지 유발"한다고 경고한다. 다른 한편에서는 "어느 정도까지는 해가 되지 않는다"는 연구 결과도 있다며 의학 지식을 동원하기도 한다. 그러나 '성적 악습'에 대한 경계심을 버린 것은 아니다. 그보다도 다음과 같은 '성적 악습'을 인한 비참한 사례를 들어 병의 공포감을 확산시켜 간다.

처녀든 유부녀든 이 습관을 버리지 못하면 여러 질병을 일으키기 쉽고, 나쁜 일을 한다는 생각에 공포감을 갖게 되고 이로 인해 자궁의 발육이 멈추고 월경도 불순해져 불임증, 불감증으로 이어지며 행복한 가정생활을 영위할 수 없게 된다. 의학적으로는 치료가 어렵기 때문에 결국 자신이 충동을 극복하려는 의지를 갖고, 취미가 있다면 음악이나 수공예 등에 관심을 두고 되도록 집 밖에서 스포츠에 몰두하도록 하여 하루라도 빨리 이 습관을 버리도록 노력해야 한다.

이 자위에 대한 죄악감으로부터 벗어나기 위해서는 다양한 취미활동을 하거나 결혼을 하라고 조언한다. 만일 결혼 후에도 이 습관이 고쳐지지 않는다면 "일종의 성격 이상자"라며 병에 대한 공포감을 한층 확대시켜 나간다.

여자다움의 올가미

자위로 인해 발병하는 여자의 병은 부인병(자궁병)의 일종인 불감증과 불임증을 들 수 있다. 남자의 임포텐츠와 대조를 이루는 것이 이 불감증이라고 할 수 있다. 불감증은 "성적 결함"의 일종으로 치료하기 어려워 "의사를 애먹이는 병"이라고 말한다. 그것은 다시 절대로 낫지 않는 경우와 치료할 수 있는 경우로 나뉜다. 전자는 "절대 불감증"으로 치유와 교정이 불가능하여 "변질자變質者이거나 정신병자"일 가능성이 농후하다. 후자는 "유사類似 불감증"으로 치유와 교정이 가능하며 훈육의 대상이 된다.

정상인 · 건강한 사람과 이상자 · 도착자라는 이항 대립 도식은 병과 섹슈얼리티와 밀착되어 끊임없이 자신을 검증하도록 요구한다. 성욕이라는 개념과 장치는 자신과 타인의 감시에 복종하는 종속적인 주체로 길들여 간 것이다. 남자나 여자나 모두 권력이 행사되는 장場으로서 신체를 순치馴致시켜 갔다.

"유사 불감증"의 경우 감각이 둔한 신경계를 적당히 치료하면 완쾌되어 부부생활도 원만해진다고 말한다. 그 주요 원인으로는, 남자에 대한 반감 혹은 혐오를 느끼는 경우, 임신과 분만에 대한 두려움이 있는 경우, 성지식의 부족으로 부부생활에 부정적인 경우, 생리적 결함(히스테리, 신경쇠약, 자궁병 그 외 질환)이 있는 경우, 나쁜 습관(자위)에 길들여진 경우 등을 들었다. 아울러 여자의 문제가 아닌 남자 측 문제로 "남편이 이해심이 없고 아내에 대한 배려가 없어 점점 부부생활을 기피"하게 되는 경우 역시 불감증의 사례로 들었다.

신혼 시에는 "불감증이라 생각될 만큼 둔감한 것은 어쩔 수 없으나 이를 빨리 깨달아 적당한 훈련을 하는 것이 중요"하다고 말한다. 또 수동성, 유아성, 성욕 담백淡泊, 무지, 정숙, 조신함 등을 여성 불감증의 원인으로 거론하였다. 즉 불감증은 '여자다움의 병'의 일종으로 정신적 요인이 아닌 여성 특유의 기질(성격)에서 찾아야 한다고 주장한다. 임포텐츠라는 '남자다움의 병'을 정신적 요인에서 찾았던 것과 대조적이다. 임신이나 출산에 관한 지식 또한 "부부의 교섭은 인간 본연의 모습, 즉 본능에 충실한 것으로, 신성한 것이지 결코 불결한 것이 아니"라며 이에 대한 "올바른 지식"을 습득할 것을 권한다.

아울러 성에 눈뜨기 위해서는 '훈련'이 필요하다고 말한다. 아내가 자신의 성욕을 억제하고 남편에게 맞추기 위한 '수양'이 필요하다는 것이다. '부부생활'은 능동적인 남성이 주도해가야 하는 것으로 '남자다움'이 강조되고 이로 인해 여성은 점점 더 '여자다움'의 틀 안에 갇혀 버리게 된다.

불감증의 고백

여성잡지 상담코너에는 다음과 같은 질문이 끊이지 않았다. 『부녀계婦女界』에 마련된 「부인 위생 문답」이라는 코너를 예로 들어 보자.

[문] 저는 어린 시절부터 자연스럽지 못한 악습을 배웠습니다. 결혼 후 6년이나 되었지만 아직 아이가 없습니다. 의사의 진단에 의하면 난소 기능이 나쁘다고 합니다. 전기요법을 사용해 봤지만 전혀 성감性感이 없습니다. 어떻게 하면 불감증을 치료할 수 있을까요?

[답] 불감증도 그 원인이 다양하기 때문에 그에 맞는 치료를 해야 합니다. 적절한 치료를 하게 되면 반드시 나을 것입니다.(1928년 5월호)

[문] 우연한 계기로 악벽惡癖을 배웠습니다. 불감증이 염려되어 3년 전부터 절대로 삼가고 있습니다. 곧 결혼을 앞두고 있는데 그 때문에 결혼생활이 불행해지지 않을까 걱정입니다. 걱정하지 않아도 될까요?

[답] 악습을 얼마 동안 행했는지 확실히 단정하기 어렵습니다만, 이미 3년 전부터 삼가고 있다면 결혼생활에 지장이 없으리라 생각됩니다. 염려하지 마시고 행복한 결혼생활 하시길.(1934년 10월호)

[문] 결혼 13년차 33세 유부녀입니다. 처녀 시절부터 월경불순이었는데 아직 아이가 없습니다. 5년 전 자궁 후굴子宮後屈 증세로 수술을 받았고, 수란관 폐색輸卵管閉塞과 자궁 유착子宮癒着으로 수술을 받았습니다. 그런데도 아직 아이가 생기지 않습니다. 게다가 저는 불감증입니다. 이전에 XX를 한 것이 원인일까요? 아이가 생기지 않는 원인과 그 치료법을 알려 주세요.

[답] 불감증은 예상하신 대로입니다. 그런데 그것이 불임의 원인이라고 단정할 수는 없습니다.(1934년 11월호)

아이가 생기지 않는 원인을 묻는 3번째 사례의 "XX"는 물론 자위를 이르는 말이다. 이전과 달리 복자伏字로 표기한 것이 특이하다. 질문자는 자궁 관련 질병은 물론 아이를 갖지 못하는 것 또한 자위로 인한 불감증이 원인이 아닌지 걱정하고 있다. 불감증에 대한 염려가 여성들 사이에서 광범위하게 침투하고 있었음을 엿볼 수 있다.

『딸과 아내와 어머니의 위생 독본』에도 불감증 치료 광고를 어렵지 않게 찾아볼 수 있다. 「반갑지 않은 성적 불감증을 가정에서 치료한 이야기」라는 표제어 바로 옆에는 앞서 언급한 부인병 치료제 '와세톤구'와 부인병 치료기구 '니치오 아크 태양등' 광고가 실려 있다. 이들 약과 기구의 효능 가운데 불감증 치료도 포함되어 있었다.

남자와 여자의 근대의 병

『딸과 아내와 어머니의 위생 독본』과 같은 통속적 여성 의학서는 말할 것도 없고, 여성잡지에 마련된 각종 상담코너, 부인병 및 불감증 치료에 탁월하다는 약과 기구, 그것을 선전하는 광고 등을 통해 섹슈얼리티를 둘러싼 균질한 지식이 보급되어 갔다. 여성의 섹슈얼리티는 신체와 더 없이 밀착되었으며, 의학 혹은 의학적 지식에 기대어 '여자다움의 병'을 만들어 갔다.

남자의 신체 및 섹슈얼리티 역시 마찬가지다. '남자다움'에 얽매여 임포텐츠라는 '남자다움의 병'에 빠지게 되었다. 어떤 면에서 여자보다 고민이 깊었다고 할 수 있다. 이를 은폐하기 위해 '남자다움'이라는 수렁에 더욱 빠져들게 되었다.

여자의 신체, 그 가운데 자궁은 특히 취약한 '병의 그릇'으로 간주되었다. 남자의 경우는 '병의 그릇'은 아니지만 성기만 특권화되는 경향이 있었다. 그것은 여자의 경우와 달리 신체적 병이 아닌 정신적 병으로 치부되어 은폐되는 한편, 강해야 한다는 남근신화로 이어졌다. 지금도 통속적인 생리학, 의학적 지식에 근거한 '남자다움의 병'과 '여자다움의 병', 나아가 자궁신화와 남근신화가 존재한다.

이 자궁 신화와 남근신화는 『딸과 아내와 어머니의 위생 독본』 발간 직후 중일전쟁이 발발하면서 그 모습을 바꾸게 된다. '남자다움'과 '여자다움'은 과도하게 강조되고 병적으로 비대해져 갔다. '남자다움'은 남근을 상징하는 부성父性으로, '여자다움'은 자궁을 상징하는 모성, 모성애로 승화되어 간 것이다.

'남자다움의 병'의 과잉은 전장戰場에서 유감없이 발휘되었다. 그것은 전투장면에서 뿐만이 아니라 전시 강간, 강제 연행한 한국인 여성 일본군 '위안부'에게도 행해졌다. 히코사카 다이彦坂諦가 『남성신화男性神話』에서 명쾌하게 지적한 바와 같이, 전시 강간은 남근신화에 기대어 허용되었다고 할 수 있다. '남자다움'의 결여(임포텐츠) 혹은 과잉(강간)이 바로 '남자다움의 병'이었던 것이다.

'여자다움'의 결여는 불감증 · 불임증의 원인이 되며, 거꾸로 그것이 과도하면 성모마리아 또는 진구 황후神功皇后와 같은 모성, 모성애로 승화된다. 전쟁 중 미디어를 중심으로 유포된 모성, 모성애는 일본 여성의 고유한 특성으로 대대적으로 칭송되었다. 모성, 모성애에 대한 칭송의 이면에는, 강간을 일삼고 일본군 '위안부'에게 몹쓸 짓을 하면서 자신의 어머니의 환영을 가슴에 안고 사지로 뛰어 들어야 했던 남자들이 존재한다.

전시라는 비정상적인 상황이 일상화되면서 모성, 모성애에 대한 칭송의 열기는 더욱 높아졌다. 지금까지도 '남자다움' 혹은 '여자다움'이란 무엇인지 애매모호하다. 다만 '남자다움'을 보완하는 것, '여자다움'의 핵심이 바로 모성, 모성애라는 데에는 남자나 여자나 이의가 없어 보인다. 모성, 모성애는 위기 속에서 생겨나며 그 위기를 은폐하려는 여신의 성스러운 진수로 유지되는 것이 아닐까 한다. 모성, 모성애를 체현한 여신이 어떠한 경로를 통해 다시 등장하는지 궁금하지 않을 수 없다.

6장
전쟁과 모성애의 시대

1. 일본의 모성이란

전쟁과 부인잡지

『딸과 아내와 어머니의 위생 독본』이 『주부의 벗』 8월호 특별부록으로 간행되었던 1937년 7월은 중일전쟁이 발발한 시기와 맞물린다. 이러한 시대를 배경으로 "성욕은 자본"이라 성욕 자본주의를 강조하고 나선 것은 그 의미가 남다를 것이다.

이 시기의 여성잡지는 부부의 성욕=자본의 건전한 투자라는 공식을 정당화하고, '성性가족'을 무대로 재생산 체제를 유지하려는 움직임이 두드러졌다. 물론 이 무대에서 주도권을 쥔 자는 남자다움=능동성이라는 외피를 입은 남자이며, 여기에 종속된 자는 여자다움=수동성의 외피를 입은 여자이다. 성욕 자본주의에서 남자는 자본가가 되고 여자는 노동자가 된다. 남자는 성욕=자본의 낭비를 자제하고 절욕해야 했으며, 정신적 고통으로 인해 성교 불능증이라는 '남자다움의 병'에 걸리거나 그 위험성에 노출되었다.

여자는 남자의 성욕=자본 증대를 위해 자신의 성욕=자본을 약탈당하는 한편, 자제와 절욕을 강요당한다. 또한 불감증이라는 '여자다움의 병'에 걸리거나 그에 대한 두려움에 시달린다.

남자가 여자의 신체에 자본을 투자하면 여자는 상품을 생산하여 정성껏 키워낸다. 그 상품은 바로 자식이다. 그리고 남자―남편―아버지는 가부장제 이데올로기를 바탕으로 아이와 여자―아내―어머니 위에 군림하면서 자본을 축적해간다. 그렇다면 여자―아내―어머니는 어떤 방식으로 그 자본을 소비했을까?

여기서 히라쓰카 라이쵸로 대표되는 '세이토'의 여성들, 그리고 구리야가와 하쿠손 등이 제창한 모성애 담론은 자본 소비의 좋은 수단이 되었다. 이 '모성의 경제학'을 바탕으로 여성의 섹슈얼리티를 은폐하고 상품=아이 생산에 힘썼다. 바야흐로 모성애를 여성의 섹슈얼리티로 자리매김하고 미디어를 통해 칭송하는 시대가 도래한 것이다.

전쟁이 시작되자 『주부의 벗』 9월호는 잡지의 내용을 전폭 개정한다. 표지는 지금까지 그래왔듯 풍만하고 건강한 젊은 여성을 내세우고 있으나 목차의 삽화는 더 이상 평화로운 목가적 분위기가 아니다. 전투기를 배경을 하거나 항공병 복장을 한 여성 조종사가 등장했다. 「북지나北支那사변 대특집」이라는 문구가 강조되어 있고, "애국의 피가 들끓고 전화戦火에 전율한다"라는 붉은색 문구가 금방이라도 폭발할 것처럼 새겨져 있다.

「사진과 회화 특집 대화보」에는 청일전쟁에서의 해전을 묘사한 「용감한 수병水兵」(기타 렌조北蓮蔵 그림), 러일전쟁 시 출정하는 아들을 배웅하는 어머니의 모습을 담은 「이치타로야一太郎やあい」를 표방한 사진, 이야기로 구성된 「황군이 한 번 떨쳐 일어나면皇軍一度起たば」, 「총후 여성군 시화 행진銃後の女性軍詩画行進」(사이죠 야소西条八十 作詩, 미야모토 사부로宮本三郎 · 미네다 히로

시嶺田弘 그림) 등이 있다.

「특별 기사와 최신 실용 기사」라는 제목의 코너에는 「공습 시 여성들은 어떻게 해야 하나?」(애국부인회 회장 모토노 히사코本野久子), 「출정한 가정의 아내와 어머니에게 보낸다」(대일본국방부인회 회장 무토 노부코武藤能婦子), 「명예로운 전사자의 어머니와 아내에게 바치는 자비의 법화名譽の戰死者の母や妻に慈悲の御法話」(임제종 승려 마미야 에소間宮英宗), 「전쟁의 화베이에서 남편의 유골과 함께 귀국한 기록」, 「미망인 독본: 유아를 끌어안고 기로에 선 미망인의 고민에 답하다」(기쿠치 간菊池寛) 등의 기사가 게재되어 있다.

『주부의 벗』은 온통 전쟁 일색이나 용감한 전투만 그리고 있지는 않다. 남편이나 아들이 출정한 뒤 남겨진 아내, 아이, 어머니, 그리고 남편이나 아들이 전사한 어머니와 아내, 이른바 후방銃後에 남겨진 여성의 그림, 사진, 이야기가 주를 이룬다. 모두 어머니와 아들, 아내와 아이라는 두터운 모자母子관계를 테마로 하고 있다. 이 가운데 「명예로운 전사자의 어머니와 아내에게 바치는 자비의 법화」의 내용을 구체적으로 살펴보자.

야스쿠니靖国의 어머니와 군국의 어머니

마미야間宮는 임제종臨濟宗 방광사파方広寺派 전前 관장이자 러일전쟁 시에는 종군승으로 활약했다. 그는 당시의 이야기를 곧잘 들려주었는데, 무엇보다 러일전쟁 덕에 "일본은 오늘날의 지위를 얻었고 만주 땅에서도 안심하고 동포들이 활약할 수 있다"고 말하곤 했다. 또한 203고지에서 전사한 에키치 우타마로枝吉歌麿 중좌(장인어른은 소에지마 다네오미副島種臣)의 아내(단순히 '미망인'이라고만 되어있을 뿐 이름은 기재되어 있지 않다) 이야기도 자주 언급했는데 그 내용은 다음과 같다.

남편이 전사하여 날마다 불단 앞에서 눈물로 지새우던 아내가 어느 날 "우리 아버지는 명예로운 전사를 하셨으니 울어선 안 된다고 선생님께서 말씀하셨어요. 아버지 대신 어머니를 열심히 도울게요"라는 초등학생 아들의 말에 다시 용기를 내어 여섯 아이를 모두 훌륭하게 키워냈다는 이야기다. 눈물샘을 자극하는 기특한 모자의 이야기가 바로 '야스쿠니의 어머니'의 이야기이다.

또 사쿠라佐倉 연대 소속 하야시 소지로林惣次郎의 어머니(마찬가지로 무명)의 일화도 유명하다. 소지로의 형은 청일전쟁에서 사망하고 소지로와 남동생은 러일전쟁에 출정했다. 아내와 여섯 살이 되는 아들이 있는 소지로가 출정하기 전날 밤, 그의 어머니는 목욕하는 아들의 등을 손수 깨끗하게 씻어주었다. 어머니는 예전에는 무사가 아니면 전쟁에 나갈 수 없었지만 "지금은 이런 여염집 아들도 불러주시니 고마운 일이지 않니?"라고 말하며, "내가 죽어 사랑하는 아들에게 탕관湯灌[1]을 받는다면 안심하고 정토에 갈 수 있으리라마는 (중략) 비록 순서는 바뀌었지만 오늘 밤은 내가 너의 몸을 탕관해 주도록 하마. 모쪼록 이 어미의 마음을 잊지 말고 비겁한 행동은 하지 말거라"라고 격려했다고 한다. 결국 동생은 사망하고 소지로는 203고지에서 '명예로운 부상'을 당한다.

혹시 모를 아들의 죽음까지도 담담하게 받아들이고자 하는 소지로의 어머니는 '군국의 어머니'의 전형적인 모습이다. 남편이나 아들을 위해 자신을 희생하는 것은 물론 남편이나 아들을 천황과 국가를 위해 바치고 그것을 명예로 여기는 것이 모성인 것이다. 그것도 이름도 없는 무명으로 말이다.

마미야는 이 외에도 러일전쟁 시 아내와 어머니의 센닌바리千人針[2]나 맨발

---

1) 불교의 장사葬事에서 시체를 관棺에 넣기 전에 목욕시키는 일(역주).
2) 출정 군인의 무운武運을 빌기 위해 여러 사람의 정성을 모아 함께 기원하는 행위로, 한 장의 천에 붉은 실로 천 명이 한 땀씩 매듭을 뜬 것(역주).

의 참배裸足参り,[3] 가게젠陰膳[4] 등 "열렬한 총후 활약" 목격담을 전하고 있다. 『주부의 벗』에 게재된 '총후 여성군 시화 행진'은 센닌바리와 출정식, 가게젠의 광경을 시詩를 곁들여 표현하고 있다. 출정한 아버지의 사진과 가게젠을 앞에 두고 모자가 앉아 있는 그림과 함께 사이죠 야소의 「부재 중留守宅」이라는 제목의 시가 실려 있다.

> 모자가 나란히 가게젠 앞에/ 남편이 그리운 석양 무렵/ 지금 쯤 전쟁터는 더울 테지요/ 피어난 야마토大和 여랑화/ 여자의 몸이지만 당신의 부재를 지키는 일은/ 반드시 훌륭하게 해 내겠습니다/ 모자 셋이서 조용히/ 거실의 사진을 우러러 보니/ 또 다시 호외號外의 방울소리

어머니와 아들이 가게젠을 올리고 있는 광경이다. 여기서는 아버지의 부재 속에서 어머니와 아들의 결속, 특히 '어머니의 힘'이 강조되고 있다. "고토와키床脇[5]에 장식되어 있는 부대장 사진, 전쟁터에서 눈부신 활약을 펼치신 뉴스에서나 뵐 수 있는 가와베 마사카즈河辺正三 부대장 모습이다. 그 앞에 차려진 가게젠과 그의 부재가 마음에 사무친다"라는 해설을 곁들이고 있다. 후방에서 아들과 함께 가정을 지키며 군인의 아내로서 최선을 다하는 모습을 상찬하고 있다.

앞서 언급한 소지로의 어머니 이야기나 이 사진의 공통점은 '모성애'의 강조라고 할 수 있다. 전쟁 전 국어독본에서나 볼 수 있었던 「해병의 어머니」(청일전쟁)나 「이치타로야」(러일전쟁) 식 '모성애 이야기' 혹은 '모자의 사랑

---

3) 신불에게 소원을 빌기 위해 맨발로 참배하는 것(역주).
4) 전쟁이나 여행 등으로 집을 떠나 있는 가족들의 무사안일을 빌기 위해 차려 놓은 상(역주).
5) 마루 옆쪽에 작게 만들어 놓은 공간(역주).

이야기'가 범람하게 된다.

아내와 어머니의 바람직한 모습과 섹슈얼리티는 모두 모성애로 수렴되어 간다. 아내와 어머니, 나아가 여성의 본질은 남편―남자와의 성애性愛가 아닌 모성·모성애에서 찾게 된다. 이러한 인식은 여성잡지의 표지와 권두화를 통해 널리 확산되어 갔다.[6]

야나기다 구니오柳田国男의 모성론

모성과 모성애를 얼마나 선동했는지는 민속학의 창조자라 할 수 있는 야나기다 구니오의 글에서도 엿볼 수 있다. 그는 1942년 『주간 아사히週刊朝日』에 「일본의 모성日本の母性」이라는 제목의 글을 게재하고 "일본의 모성" "일본 어머니의 길"을 일본 특유의 미덕으로 찬양하였다.

야나기다는 "이 유례없는 대 전쟁에 봉사하는 것으로 국민임을 자각하고 소중한 것을 깨달아야 한다"고 기술하고 그 하나로 "어머니의 길"을 들었다. "어머니가 자식을 어여삐 여기는 정"은 민족을 초월해 인류 보편적인 것으로 여겨왔지만 그것은 잘못된 생각이라고 지적한다. 그는 "일본에는 확고한 어머니의 길이 있으며 더구나 오늘날과 같은 이상異常시대가 아니면 그 모습을 드러내지 않았을 조신하고 고풍적인 면"을 갖추고 있다며 일본의 모성을 상찬한다. 특히 "군국의 어머니"는 그 말이나 행동에서 "국가의 뜻을 실천"하려는 의지가 엿보인다고 말한다.

여자는 남자를 위해 예로부터 대대로 "자신을 비우고 남자의 기대에 부응"하고자 노력해 왔으며 "단순한 연애의 전주곡이 아니라 내 아이와 내 남편을 위해 온전하게 일생을 계획하고, 남자는 국가가 위기에 직면하면 이에 맞서

---

6) 川村邦光,「日本ナショナリズムの発掘」,『情況』4―1, 1993.

싸우며 사활을 걸어야 한다"고 강조한다. 또한 "하루아침에 나라가 위기에 빠지면 목숨을 바쳐서라도 의리를 지키고 관철하는 것이 남자"라는 것을 가슴에 새기도록 하는 것은 어머니의 중요한 역할 가운데 하나라고 설파한다. 즉 어머니는 남자가 안심하고 밖에서 일할 수 있도록 가정을 지키는 것이 일본 고유의 미덕이라는 것이다.

이 미증유의 전쟁 상황에 직면하여 "슬픈 결과를 예상하면서도 용기를 고무하고 사랑하는 사람들을 전장으로 보냈던 자제력을 찬탄"하고 "일본의 모성"에 아낌없는 찬사를 보내는 것으로, "일본 어머니의 길, 숨겨진 지도력의 원천"을 발견하고자 한다. 소지로의 어머니처럼 아들이 전쟁터에서 죽어 돌아오기를 기원하는 것이 바로 "일본적 모성"의 원형인 것이다. 야나기다는 '일본 고유의 신앙' 혹은 '일본 민속'의 한 형태로 "일본적 모성"이라는 히든카드를 꺼내 보인 것이다.[7]

2. 전쟁 속 모성애 이콘[8]

『주부의 벗』의 모자 이콘

『주부의 벗』 표지와 권두화는 이상적인 미인상 혹은 주부상을 살펴보는데 매우 유효한 자료를 제공한다. 기무라 료코木村涼子는 『부인공론』이 모던 걸을 주로 다룬 반면 『주부의 벗』은 건전한 가정 주부를 모델로 삼고 있다고 지적한다. 즉 "가정의 태양으로서 건강과 견실함과 명랑함을 갖춘 여성의

---

7) 川村邦光, 『民俗空間の近代』, 情況出版, 1996.

8) 성모 마리아나 아기 그리스도 또는 성인聖人들을 그린 그림(聖畵)이나 조각(聖像)을 뜻함 (역주).

모습"을 전하는 "기모노 차림의 가정적인 주부상"[9]이 대부분을 차지하고 있다는 것이다. 이 두 잡지는 확실히 세련된 도시의 모던한 여성 이미지와 가정의 행복에 안주하는 전통적인 여성 이미지가 선명한 대비를 이루고 있다.

와카쿠와 미도리若桑みどり는『전쟁이 만들어낸 여성상戰爭がつくる女性像』[10]에서 "이름 없는 무수히 많은 여성들을 전쟁으로 유도하고 그 심성을 통합해 가기 위한 시각 미디어"의 대표적인 매체로『주부의 벗』을 들어 설명하였다. 와카쿠와는 여성 이미지를 모자상, 가족상, 근로 여성상, 종군 간호부상, 황실(황후)상의 다섯 종류로 나누어 설명한다. 이를 통해 전시 여성 이미지의 원형은 '부드러움'과 '강인함' 이 두 가지 양면적 요소를 갖춘 '모성'에 있었음을 밝혀내었다.

그런데 '부드러움'을 표방한 어머니의 이미지는 기무라 료코가 지적하는 것처럼 비단 전시에만 강조되었던 것이 아니라 '주부'를 대상으로 한 잡지라면 쉽게 접할 수 있는 이미지였다. 밝고 건강한 젊은 어머니의 이미지가 그것이다. 그런데 특히 '대동아전쟁'이 위기에 직면했던 1934년 무렵부터 근로동원으로 착출된 젊은 미혼여성이나 야스쿠니 신사에 참배하는 모자, 종군간호사 등 후방에서 병사를 보조하는 여성상이 급증하였다. 여성을 전쟁에 동원하기 위한 노골적인 선전이자 의도된 그림이라 할 수 있다. 어머니와 젊은 여성이 힘차게 일하는 모습, 또 역경을 헤쳐 나가는 모습을 통해 여성 또한 전쟁에 협력하고 있음을 나타내고 있다.

적어도 1943년 이전에는 일견 참혹한 전쟁과 관련이 없는 듯한 '내지內地'

---

9) 木村涼子,「婦人雜誌の情報空間と女性大衆読者層の成立」,『思想』812號, 1992.

10) 이 책은 제2차 세계대전 하에서 일본여성이 어떻게 전쟁에 동원되었는지 다양한 이미지 자료를 통해 밝혀내고 있다. 2011년 한국어로 번역되어 소개된 바 있음(『전쟁이 만들어낸 여성상』, 손지연 옮김, 소명)(역주).

의 평온함, 미소 짓는 여성상, 모자상이 『주부의 벗』을 장식했다. 그것은 여성들을 위한 배려만은 아니었다. 이 잡지가 위문대에 넣어 전장에 보내졌을 때, 병사들이 잠시나마 살벌한 전투의 긴장감에서 해방되어 자신들 덕분에 '내지'의 가족들이 평온한 생활을 하고 있다 것을 보여주기 위함이기도 했다. 와카쿠와가 지적한 바와 같이 중일전쟁이 시작되자 여성잡지에는 모자상과 모성애를 표상하는 그림과 글들로 넘쳐나게 된다. 이어지는 글에서는 이처럼 다양한 모자상이 전달하고자 한 메시지는 과연 무엇이었으며, 어떠한 모성 이미지가 사랑받았는지 살펴보도록 하자.

총후의 어머니와 아들

1937년 11월호 『주부의 벗』 표지는 히노마루日の丸를 흔들고 있는 어린아이를 안고 있는 젊은 어머니의 그림으로 장식되어 있다(〈그림 6-1〉). 또 12월호 권두화로 메이지 신궁에서 갓난아기를 업고 큰 딸과 함께 기원하는 그림이 게재되어 있다(〈그림 6-2〉). 모두 모자이콘이다. 표지에는 미혼여성과 어머니, 모자, 권두화로는 천황, 황후, 황태자, 전쟁, 야스쿠니신사, 메이지 신궁 등이 그려져 있고, 모성, 천황(황실)숭배, 영령숭배, 전의 고양이 주된 테마이다. 이러한 경향은 패전까지 거의 변함없이 유지되었다.

1938년에는 표지 2장 권두화 4장이 모자이콘이다. 갓난아기를 안고 있는 웃는 얼굴의 젊은 어머니 그림(6월호 표지, 3월호 권

〈그림 6-1〉 『주부의 벗』 1937년 11월호 표지(오쿠자와 지로奥沢二朗 그림)

〈그림 6-2〉 「레이메이샤 앞 간절한 기원黎明社前の熱祈」 『주부의 벗』, 1937년 12월호 권두화 (시라타키 이쿠노스케白滝幾之助 그림)

두화)와 함께 전사한 남편의 유골을 받아 든 모자를 그린 권두화가 실려 있다. 특히 후자의 그림은 「무언의 개선無言の凱旋」이라는 제목으로 "넘쳐흐르는 눈물로 가슴이 미어져도 울어선 안 되는 군국의 아내, 그 마음을 그 누가 알리오"라는 해설을 덧붙여 독자의 눈물샘을 자극하고 있다. 전시 상황을 여과 없이 드러내는 그림도 있다. 군복차림으로 나팔을 불고 있는 남자아이를 안고 있는 젊은 어머니의 온화한 그림(10월호 표지)이 그것이다. 그리고 출정한 남편 사진 앞에 가게젠을 올리는 젊은 아내와 그 옆에서 철모를 쓴 어린 아들이 '한구함락漢口陷落'을 알리는 라디오 소식을 진지한 표정으로 듣고 있는 그림(1월호 권두화, 〈그림 6-3〉)도 보인다.

1939년에는 표지 1장 권두화 2장이 모자이콘이다. 3월호 권두화로 「총후의 히나마쓰리銃後の雛祭り」[11]라는 제목의 그림이 실려 있다. 이 안에는 히나단雛壇을 배경으로 잘 차려입은 상냥한 젊은 어머니

〈그림 6-3〉 「가게젠陰膳」 『주부의 벗』, 1938년 11월호 권두화 (시무라 다쓰미志村立美 그림)

11) 3월 3일 여자어린이의 성장을 축하하는 축제. 인형雛人形들을 붉은 천이 깔린 단 위에 장식함(역주).

와 아이가 그려져 있고 그 바로 옆에는 출정한 남편의 사진도 걸려 있다. 12월호 권두화는 「백의의 천사 응소白衣の天使應召」라는 제목의 그림이 장식되어 있다. 갓난아기를 안은 젊은 어머니가 종군 간호사로 파견되어 집을 나서는 장면을 그리고 있다. 어린 딸은 히노마루를 손에 들고 이리저리 뛰어다니고 있고 그 뒤로는 연로한 시아버지와 시어머니가 서있다. 그 너머로는 출정한 남편의 사진이 걸려 있다.

아이와 나라를 위해 집을 지키는 어머니, 일하는 어머니, 야스쿠니의 어머니, 그리고 전쟁터로 향하는 종군 간호사 등 모자이콘의 기축이 되는 그림들이 빠짐없이 게재되어 있다. 1938년 이전까지는 출정한 남편이나 아버지의 안위를 기원하는 어머니와 아이의 그림이 많았으나, 점차 전사하거나 영령이 되어 '호국의 신護國の神'을 배례하는 '야스쿠니의 어머니'와 '야스쿠니의 아이'를 테마로 한 모자이콘이 급증한다.

1940년 신년호 권두화로는 갓난아기를 업고 어린 딸과 함께 남편의 무운장구를 기원하는 젊은 아내의 모습이 담겨져 있다. 11월호 권두화로는 자애로운 '야스쿠니의 어머니'와 야무지고 씩씩하게 생긴 '야스쿠니의 어린이'가 표현되어 있다(〈그림 6-4〉). 같은 해 3월호 표지에는 젊은 엄마가 어린 남자 아이를 안고 볼을 부비는 전형적인

〈그림 6-4〉「유족참배遺族參拜」『주부의 벗』, 1940년 11월호 권두화 (기타 렌조北蓮蔵 그림)

모자이콘과 함께 "사랑의 힘을 총후에서 발현하자"라는 표어가 실려 있다.

1941년의 경우 표지 2장 권두화 7장이 모두 모자상으로 장식되었다. 5월호 권두화로는 야스쿠니 신사에서 갓난아기를 안고 어린 딸과 함께 머리를 숙이고 있는 모습을 사이죠 야소의 시와 함께 게재하고 있다.

　　아, 이것이 바로 그리운 남편의 영혼이 머물고 있는 (중략)
　　폭풍 속을 헤쳐 나와 일본의 어머니가 미소 짓고 있구나

같은 해 7월호 권두화 역시 사이죠의 시와 함께 어린 아이에게 젖을 물리고 있는 젊은 엄마의 모습을 담고 있다.

　　이 아이를 업고 간다면, 그 길이 가시나무 언덕이든 꽃이 만발한 정원이든
　　엄마라는 이름만으로도 행복해지고 온몸이 전율하는 도다

11월호 권두화로는 「자라라, 길러라のびょ, 育てよ」라는 제목의 그림이 게재되었다. 어린 아들에게 사과즙을 떠먹이며 미소 짓는 젊은 엄마의 모습은 다음과 같은 사이죠의 시를 통해 더욱 자애롭게 비춰진다.

　　내가 낳았지만 이렇게 착한 아가가/ 어디에 있을까/ 엄마의 사랑의 맛이 곁들여진/
　　정성어린 사과즙/ 맑은 피가 되어 건강하게/쑥쑥 자라도록 키우리라 나의 보배를

이상의 사이죠 야소의 시를 관통하고 있는 주요 모티브는 모성이다. 전시 일본 여성들에게 모성애가 얼마나 중요한지 다양한 모자상과 시를 총동원하여 설파하고 있는 것이다.

모성애 찬가

『주부의 벗』에는 모자상과 더불어 어머니와 아들과 관련된 기사가 홍수를 이루었다. 1940년부터 고지마 마사지로小島政二郎로, 시시 분로쿠獅子文六, 요시야 노부코吉屋信子를 심사위원으로 내세워 '모성애 감격소설 현상모집'을 대대적으로 개최하였다.

"어머니의 사랑을 기리는 걸작을!! 아이의 눈물을 자아내는 명작을!!"이라는 표제 하에 "인간의 모든 애정을 통틀어 어머니의 사랑만큼 순진무구한 것은 없습니다. 모성애만큼 숭고하고 위대한 것은 없습니다. 더구나 일본인의 모성애가 세계 제일이라는 것은 잘 알려진 사실입니다. 황기 2600년 봄, 여기에 새롭게 기획하여 모성애를 그린 감격적인 소설을 모집합니다"(1940년 3월호)라는 문구를 내걸었다. 황기 2600년[12]에 즈음하여 일본의 특성이라 할 만한 모성애를 널리 알려야 한다며 창작 열기를 부추기고 있다. 모성애를 세계에 유래가 없는 일본 특유의 민족적 열정(내셔널리즘)이라고 상찬하고 모성애를 일본 특유의 '전통'으로 구축하여 그것을 여성들의 신체와 정신에 각인시켜 갔다.

1941년 신년호에 '모성애 감격소설' 당선작이 발표되었다. 종군 간호사를 주제로 한 「어머니의 등불母の灯」이라는 제목의 글로, 7월호까지 연재되었다. 가난한 환경에서 어머니의 보살핌으로 역경을 극복하고 마침내 간호사

---

12) 간무神武천황이 나라奈良현에 소재한 가시하라橿原에서 처음 즉위했다고 일컬어지는 해로부터 2600년이 되는 해를 기념하는 취지에서 1940년(쇼와15) 대대적인 기념행사와 사업이 추진되었다. '기원紀元 2600년'이라고도 부름. 이를테면 '기원 2600년'을 겨냥한 역사서가 서점에 진열되고, 기원 2600년 봉축 국민가요가 거리에 울려 퍼지고, 천손강림天孫降臨 전설의 무대인 미야자키宮崎현 다카치호高千穂에서는 거대한 '팔굉지기축주八紘之基軸柱'가 세워졌다. 내각이 파악하고 있는 것만 해도 1만 5천 건 남짓의 행사가 거행되었고 비용은 무려 1억 6천만 엔 이상이 지출되었다고 함(가네코 아쓰시, 박광현 외 옮김 『박물관의 정치학』[논형, 2009] 참조)(역주).

가 되어 부상병을 보살핀다는 '백의의 천사' 이야기다. 마지막 회는 "어머니의 등불은 꺼졌다. 어머니는 비록 무지했을지 모르나 그리고 비록 가난했을지 모르나 어머니의 '자식에 대한 사랑'만큼은 부유했다. 아니, 어머니는 '사랑' 같은 것은 모른다고 말할지 모른다. 그렇다. 어머니는 그저 아이를 애지중지할 줄만 알았다. 그것이 어머니의 일생이었다"라는 다소 신파조로 끝을 맺는다.

이 같은 현상소설 공모를 계획하게 된 데에는 모성애 이콘이 유행한 것과 무관하지 않을 것이다. 모성애 이야기나 모성애 이콘은 모두 어머니의 헌신적인 사랑을 상찬하고 아들(혹은 딸)과 남편을 국가에 제물로 바치는 어머니—아내의 마음을 치유하기 위한 것이었다.

치유의 모성애 이콘

1942년 7월호 권두화로 「백의의 어머니 천사 응소白衣の母の天使応召」라는 제목의 그림이 실렸다. 종군 간호사로 파견되어 떠나가는 어머니와 등 뒤에 남겨진 아들의 모습이 담겨 있다(〈그림 6-5〉).

〈그림 6-5〉 「백의의 어머니 천사응소白衣の母の天使応召」『주부의 벗』, 1942년 7월호 권두화(기노시타 다카노리木下孝則 그림)

1943년에 간행된 『주부의 벗』은 두께가 눈에 띄게 얇아졌다. 모성애 이콘도 현격히 줄어 신사 앞에서 기도하는 젊은 엄마와 어린 딸의 모습을 담은 신년호 표지 하나뿐이다. 이를 대신하여 종군 간호사, 산업 전사戰士 여성, 농부, 공습구호반 여성, 방공 감시 여성 등이 표지를 장식하고 있다. 이들 여성의 얼굴에는 미소가 사라지고 진지한 표정이 역력하다. 전황이 긴박하게 전개되어 가고 있음을 알 수 있다. 자애로운 어머니라는 기본적인 모성애 이콘에 더하여 출정하는 아들을 배웅하는 어머니, 부상병으로 돌아온 아들의 손을 맞잡은 어머니, 종군 간호사로 출정하는 딸에게 이별주를 따르는 어머니 등 '군국의 어머니'가 주요 테마가 되고 있다. 어머니는 자애로운 표정으로 떠나는 아들과 딸을 배웅한다.

　1944년에 이르자 잡지의 두께는 더욱 얇아졌다. 모성애 이콘은 8월호 표지에 실린 어린아이를 씻기는 젊은 엄마의 모습뿐이다. 평화로운 전경은 더이상 찾아 볼 수 없다. 공장이나 농어촌에서 생산에 힘쓰는 모습, 공습경보나 화재경보에 대비하는 모습, 힘써 일하는 여성의 모습 등이 표지를 장식하고 있다. 웃는 모습은 사라지고 입을 굳게 다물고 각오를 다지는 진지한 표정들로 채워져 있다. 특히 1943년 4월호부터 8월호까지 여성의 웃는 모습은 전무하다. 1941년부터 1945년까지 총 23장의 모자 이콘 가운데 웃고 있는 모습은 단 4장에 불과하다. 이 가운데 모성애 이콘은 3장이다. 그 하나가 12월호에 실린 권두화로 신사 앞에 머리를 숙이고 있는 모자, 연로하신 어머니를 뒤로하고 신사를 떠나 출정하는 아들의 모습을 그린 것이 유일한 모자 이콘이다. 아울러 다카무라 고타로高村光太郎, 1883-1956(〈그림 6-6〉)의 「신슈호지神州護持」라는 제목의 시가 첨부되어 있다.

　유구한 과거를 오늘에 되살려/ 경외하는 현인신現人神이신/ 천황님을 받들어모십니다/ 요즘 들어 빨간 머리에 매부리코를 한 미국 종족/ 교지狡智와 만력蠻力과 막대한 부를 앞세워/ 이미 우리 문 앞에 침범하여/ 우리의 신역神域에 그입김을 불어 넣으려 합니다/ 신슈의 신민이여 분연히 떨쳐 일어나라

〈그림 6-6〉 다카무라 고타로

국가가 위기에 직면하면 몸을 사리지 않겠다는 결의를 나타낸 시다.

1945년 1월부터 8월호까지의 표지는 「방공감투防共敢鬪」라는 제목으로 양동이에 물을 길어 화재를 진압하고 있는 여성이나 근로에 동원된 젊은 여성이 등장하고 있다. 모성애 이콘은 보이지 않는다. 이 시기의 주요 테마는 가미카제제특공대神風特攻隊, 전투기를 수리하는 소녀 등 대부분이 특공대 관련 내용이다.

모성애를 주제로 한 권두화는 2장 뿐이다. 3월호에는 「특별 공격 대출격特別攻擊隊出擊」이라는 제목으로 특공대원 아들을 배웅하는 어머니와 그의 남동생과 여동생을 그리고 있다. 그림 해설에는 "생이별 즉 사별의 순간이라고 하기에 이 얼마나 밝은 광경인가. 용사들은 물론이거니와 가족들의 태도 또한 실로 훌륭하다. (중략) 너나 나나 할 것 없이 모두 초연한 마음을 갖는 것이 바로 일본인의 최고의 경지"라는 말이 덧붙여져 있다. 분명 배웅하는 어머니나 아들이나 슬퍼하며 눈물을 보이기는커녕 미소를 머금고 있다. 4월호에 게재된 「소녀 출진의 맹서女出陣の誓い」라는 제목의 그림에는 머리를 질끈 동여매고 전투기 제조에 힘쓰는 딸에게 어머니가 술 한 잔을 권하는 모습이 실려 있다. 모두 아들과 딸을 국가를 위해 눈물 한 방울 보이지 않고 자진해서 바치는 모성애를 상찬한 모성애 이콘이다.

어머니로서의 종군 간호사

지금까지 모자 이콘을 주로 살펴보았는데 여기에 속하지 않는 미혼의 종군 간호사 그림도 상당히 많다. 앞서 예로 들었던 아이와 이별하는 어머니

종군 간호사와는 그 양상이 조금 다
르다.

1940년 9월호 권두화에 게재된
그림은 야나기다 구니오가 말하는
'일본의 모성'을 상기시킨다. 「야전
병원野戰病院」이라는 제목의 그림으
로, 종군 간호사의 도움을 받아 어
머니에게서 온 편지를 읽고 있는 상
이군인의 모습이 묘사되어 있다. 어
머니의 편지에는 치료가 끝나면 다

〈그림 6-7〉「야전병원野戰病院」『주부의 벗』, 1940년
9월호 권두화(데라우치 만지로寺内万治郎 그림)

시 봉공하라는 내용이 담겨져 있다(〈그림 6-7〉).

1942년 10월호 권두화 역시 머리와 눈에 부상을 입은 병사를 대신 해 종군
간호사가 어머니의 편지를 읽어 주고 있는 그림이다. 두 그림 모두 종군 간
호사가 병사들의 그리운 어머니의 자리를 대신하고 있다.

1943년 12월호 권두화 「원대복귀原隊復歸」라는 제목의 그림에는, 젊은 종
군 간호사와 병사가 등장한다. 이 안에는 "환한 미소와 기쁜 마음으로 종군
간호사들은 용사들을 떠나보낸다. 그 눈과 말 속에 어머니와 같은 마음과 격
려를 담아"라는 문구가 곁들여져 있다.

이처럼 종군 간호사는 어머니의 역할을 대신하여 모성애 이콘의 다른 모
습을 연출하고 있다. 이듬 해 3월호 권두화로 「천사 출정하다天使征く」라는
제목의 그림이 게재되었는데, "비할 데 없는 간호 기술과 어머니의 사랑과
단련된 병사와 같은 용맹함을 갖추고"라는 문구와 함께 종군 간호사가 수송
선을 타고 전쟁터로 향하는 장면이 묘사되어 있다. 이 어머니의 자애와 병

사의 용맹을 두루 갖춘 종군 간호사의 이미지는 와카쿠와 미도리가 지적한 어머니와 같은 '상냥함'과 '강인함'을 갖춘 종군 간호사의 이미지와 일맥상통한다.

상처 입은 병사들의 간호에 헌신적인 종군 간호사는 백의의 상징인 때 묻지 않은 순수함과 성스러움을 두루 갖춘 자로서, 성모마리아, 아마테라스 오미카미天照大神, 혹은 진구 황후神功皇后와 같이 신성한 어머니의 이미지로 자리매김되었다. 이 시기 잡지의 표지나 권두화에 종군 간호사가 유독 많이 등장하는 것은 그녀들이 모성, 모성애를 가장 잘 드러내 주기 때문이었다.

어머니와 아들의 이별

1937년부터 1945년까지의 모성애 이콘을 봐왔지만 표지는 12장, 권두화는 36장이다. 이들 그림은 어머니와 갓난아기 혹은 어린아이의 자애로움이 묻어나는 모자상, 혹은 전쟁으로 아버지를 잃었지만 이에 좌절하지 않고 씩씩하게 생활하는 모자상이 주를 이루었다. '총후의 어머니'와 '야스쿠니의 어머니'가 이상적으로 그려지고 있는 것이다.

1942년부터는 지금까지 없던 모자의 특별한 장면이 등장하기 시작한다. 바로 어머니와 아들의 이별장면이다. 사지로 향하는 아들과 대면하는 어머니, 혹은 배웅하는 어머니, 이별의 인사를 나누는 어머니와 아들을 묘사한 장면들이다. 이듬해인 1943년에는 이러한 이별장면이 급증한다. 「소년비행병사와 어머니少年非行兵と母」, 「귀성帰省」, 「내 아이의 비행하는 날わが子飛ぶ日」, 「바다로 나가면海ゆかば」, 「출발門出」 등은 어머니와 아들(딸)과의 이별을 그리고 있다.

1944년에는 어머니와 아들의 이별장면은 「출진의 맹서出陣の誓」(〈그림 6-8〉)

단 하나다. 대신 아버지와 아들, 딸의 이별을 그린 「아버지의 출진父出陣」이 포함되어 있다. 1945년 「특별공격대출격特別攻擊隊出擊」, 「소녀출진의 맹서乙女出陣の誓」 두 가지 모두 이별 장면이다. 어머니와 아들, 딸의 이별장면이 급증한 반면, 남편과 아내의 이별장면이나 아버지와 아들의 이별장면은 자취를 감추게 된다. 어떻게 된 일일까?

〈그림 6-8〉「출진의 맹서出陣の誓」『주부의 벗』, 1944년 11월호 권두화(데라우치 만지로寺内万治郎 그림)

「출진의 맹서」에는 전사한 아버지의 영정을 배경으로 어머니가 건넨 군도軍刀를 아들이 두 손으로 받아드는 장면과 함께 다음과 같은 해설이 곁들여 있다.

"아버지가 애용하시던 군도란다." 어머니가 엄숙한 표정으로 군도를 건네었다. (중략) 군도에 담겨진 조상의 얼, 아버지의 전사戰死는 가문의 명예. (중략) 아아 지금 이 사랑하는 아이를 방배로 바친다.

이 장면은 아버지와 아들의 이별 이야기로 잘 알려진 「사쿠라이櫻井의 이별」과는 그 양상이 조금 다르다. 「출진의 맹서」의 이별장면은, 칠생보국七生報國[13]을 맹서했다고 하는 신화 쪽에 더 가깝다. 즉 "국가가 위기에 직면하면 목숨과 바꿔서라도 의리를 지키는 것이 남자다"라는 야나기다 구니오가 상

---

13) 말 그대로 일곱 번 태어나도 나라에 보답하겠다는 국가에 대한 충성의 의지를 담은 말(역주).

찬한 일본 특유의 모성, 모성애가 엿보인다. 이 시기 유독 모자의 이별장면
이 많았던 것은 바로 그러한 이유에서이리라.

3. 죽음을 권하는 일본의 어머니

다카무라 고타로가 노래하는 어머니의 사랑

1945년, 패전 직전 다카무라 고타로는 『주부의 벗』에 「가미카제특공대神
風特別攻撃隊」(신년호), 「황국 일본의 어머니皇国日本の母」(4월호), 「일본 부도의
미日本婦道の美」(6월호), 「훈풍처럼薫風の如く」(7월호) 등을 잇달아 기고한다.
이 가운데 「황국 일본의 어머니」의 내용을 인용해 보자.

> 자식을 위해 자신의 목숨도 마다하지 않는 어머니의 사랑, 그 깊이는 세상 어느
> 곳이나 차이가 없을 것이다. 황국 일본 어머니의 아름다움은 이 본능적인 사랑
> 을 품안에 뜨겁게 품고 이를 다시 안으로 뜨겁게 감싸 안았기에, 인륜지고人倫
> 至高의 절대적 사랑, 무사 무욕 무념 무상無私無慾無念無想의 황홀함이 있다.
> 현인신에게 모든 것을 바치는 지성이 있었기에 자진해서 자식을 바칠 수 있었던
> 것이다. 죽으라고 가르칠 수 있는 황국 일본 어머니의 사랑의 깊이는 세상에 비
> 할 바 없는 아름다움의 극치이다.

이 글이 실린 4월호의 표지에는 "1억 총 특공대 생활"이라는 표어가 내걸려
있다. 다카무라 고타로가 말하는 모성애는 야나기다 구니오가 「일본의 모성」
에서 기술한 것과 매우 유사하다. '어머니의 사랑'은 아이를 위해 자신의 몸을
바치는 일반적인 의미의 희생이 아니다. 천황을 위해 죽으라고 가르칠 수 있

는 것이 바로 황국 일본의 모성애이자 일본 특유의 모성애인 것이다.

여성은 국가를 위해 아이를 낳아 기르며 국가를 위해 바쳐야 한다. 그것이 바로 '군국의 어머니'이다. 이러한 사실은 지금까지 살펴본 수많은 모성애 이콘에서 확인할 수 있을 것이다. 나아가 '야스쿠니의 어머니'가 되라는 메시지도 발산한다. 남편과 마찬가지로 '야스쿠니의 남겨진 아이'도 국가를 위해 바쳐야 했던 것이다. '야스쿠니의 어머니'라는 말 안에는 '명예롭게 전사戰死한 남편을 위한 것만이 아니라 '야스쿠니의 남겨진 아이'를 위해 정조를 지켜야 한다는 암묵적 전제가 내포되어 있다.

『주부의 벗』은 '모성애 감격소설'에 이어 '전사한 군인의 부인이 남겨진 아이를 훌륭하게 키워낸 일화'도 모집하였다. "어린 자식과 함께 남겨진 젊은 미망인의 슬픔을 생각하여 어떤 말로든 위로를 해야 한다고 생각합니다. (중략) 아이를 위해 여성으로서 누려야 할 행복을 희생하고, 생활과 싸우고 유혹과 싸워온 숭고한 어머니의 힘이야말로 전사한 군인의 유가족을 비롯하여 모든 일본 여성에게 필요한 힘입니다"라고 호소하고 있다.

평생을 재혼하지 않고 영령 앞에 정절을 바치며 육아에 전념하는 것을 '야스쿠니의 어머니'의 덕목으로 삼았다. 아무리 슬프거나 힘들어도 모자가 서로 합심하여 역경을 헤쳐 나가도록 하였다. 이렇듯 아이를 위해, 영령을 위해, '야스쿠니의 이에家'를 위해, 황국을 위해 여성으로서의 모든 행복을 뒤로하고 희생하는 이른바 '모성애 이야기'가 미디어를 통해 확산되어 모성애는 자연스럽게 국가애로 흡수되어 갔다.

다음은 다카무라 고타로의 「일본 부도의 미」라는 제목의 글이다.

일본 여성의 아름다움에 대해서는 전쟁 전부터 이미 세계가 인정하고 찬탄하였다. 그러나 그들이 알고 있는 일본 여성의 면면은 순종적이고 온순한 겉모습에 지

나지 않는다. 그것의 진정성이라든가 핵심, 특질은 일본인이 아니면 온전히 이해
하기 힘들다. 일본 여성의 순종적이고 온화한 모습 안에 숨겨진 모습들, 이를 테면
혼신의 힘으로 정의를 지키고, 깨끗함을 숭상하고, 죽음으로 정조를 지키는 지조,
사랑하는 사람을 위해, 다음 세대를 위해, 나아가 군국君國을 위해 비상시든 아니
든 변함없이 보여준 헌신의 길이야말로 일본 여성의 진정한 핵심인 것이다.

일본 여성의 아름다움을 상찬 자는 다카무라 고타로나 야나기다 구니오
만이 아니었다. 1942년 발족한 대일본문학보국회大日本文學保國會는 자신들의
첫 번째 사업으로 단행본 『일본의 어머니日本の母』(1943)를 편찬하였다. 이
책의 출판에는 다카무라 고타로를 필두로 사토 하루오佐藤春夫, 가와바타 야
스나리川端康成, 오자키 가즈오尾崎一雄, 사이죠 야소, 기쿠치 간菊地寬, 쓰보이
사카에壺井栄, 모리타 다마森田たま 등이 참여하였다.[14]

다카무레 이쓰에高群逸枝, 1894-1964(〈그림 6-9〉)는 「가게젠」이라는 제목의 글
에서 "러일전쟁 시 '동생이여 부디 죽지 말게나'라고 노래한 여성이 있는데

평시라면 몰라도 국가적 위기 상황에서
이러한 어리석은 말을 하다니, 일본 여성
이 아니다"[15]라고 비판한다. 러일전쟁에
참전한 동생의 안위를 걱정하는 마음을
담은 요사노 아키코의 시 「동생이여 부디
죽지 말게나君死にたまふことなかれ」(『묘죠明
星』, 1904.9)를 향한 비판이다. 이러한 가
족애를 향토애, 조국애로 승화시키는 것

〈그림 6-9〉 다카무레 이쓰에

---

14) 加納実紀代, 「大御心と母心」加納 編, 『女性と天皇制』, 思想の科学社, 1979.

15) 加納実紀代, 『女性たちの〈銃後〉』, 筑摩書房, 1987.

이 진정한 일본 여성의 길이라고 설파한다.

모성신앙

이 시기에는 '일본의 어머니'라든가 '군국의 어머니'라는 문구가 들어간 책들을 어렵지 않게 발견할 수 있다. 이를테면『일본의 어머니』(신도 기미進藤喜美, 1943)나『군국의 어머니』(야마자키 에이치山崎英一, 1943)가 그것이다.『일본의 어머니』는 다음과 같은 말로 시작되고 있다.

> 우리 일본 국민의 충성심과 용감함은 예로부터 칭송되어왔지만, 이러한 전통이 화려하게 빛을 발하게 된 것은 우리 어머니의 깊은 사랑이라는 것을 알아야 합니다. (중략) 일본의 어머니들은 애정보다 더욱 숭고한 지고의 정신을 늘 그 마음의 중심에 견고하게 품고 계십니다. 그것은 국가를 위함이고 우리 대군(천황)을 위함입니다. 우리 아이를 강하고 씩씩하게 길러 내어 유사시에는 국가를 위해 자신의 마음과 자식을 바친다는 각오로 강하고 올바르게 아이를 길러내고 있습니다.

앞서 살펴본 야나기다 구니오, 다카무라 고타로의 어조와 매우 유사하다. 일본 어머니의 사랑은 위기의 국가와 천황을 위해 어머니 자신의 마음은 물론 자식까지 바칠 각오가 되어 있어야 한다고 주장한다. 이것이 "숭고한 지고의 정신"이며 야나기다가 말하는 "예로부터의 숙명"이며, 고타로가 말하는 현인신·황국을 위해 죽으라고 가르치는 어머니의 "인류지고의 절대 사랑"인 것이다 이것이 바로 일본 특유의 '어머니의 사랑'인 것이다. 이러한 틀에 박힌 모성, 모성애는 아들과 남편에 대한 헌신과 자기희생에 그치지 않았다. 개인을 버리고 국가를 위해 목숨을 바치라고 남자(아들)에게 교육하고 가슴에 새기도록 하는 것이 바로 '어머니의 힘'이었던 것이다. 그런데 과연 이러한 선동이 여성들에게 액면 그대로 받아들여졌을까? 앞서 예로 든 소지로의 어머니처럼 아들의 출정으로 당장 일손이 부족하게 된 것은 그렇다 치더라도 국가의 부름을 받은 것만으로 가문의 명예로 여겼던 것이다. 이 소지로의 어머니에게 전시 모성, 모성애의 의미가 어떤 것이었는지 묻는 일은 무의미할 것이다.

4. 국가에 포획된 모성

모성·모성애는 변질되었나?

전시 하 모성 및 모성애 찬미는 한마디로 말하면, 전쟁에 나가 죽어 줄 수 있는 병사와 그 병사를 키워줄 여성을 확보하고 늘여가는 것이라고 할 수 있다. 그것은 히라쓰카 라이쵸와 요사노 아키코 사이에서 논쟁이 되었던 모성과는 전혀 양상이 다르다. 또한 구리야가와 하쿠손이 제창한 성욕을 승화시킨 관념적인 모성애와도 전혀 다르다.

모성보호 논쟁에서 라이쵸는 여성의 출산과 양육이 무보수로 이루어지고 있다고 말하며 이를 여성의 권리로 국가에 의해 보호받아야 한다고 주장한다. 즉 모성을 개인 차원이 아닌 국가적 차원에서 바라봐야 한다는 것이다. 이에 대해 요사노 아키코는 라이쵸의 국가에 의존하려는 경향을 비판하고, 모성은 어디까지나 개인적인 일이며, 아이를 출산하고 양육하기 위해서는 무엇보다 여성의 경제적 자립이 필요하다고 주장한다.

라이쵸의 경우 모성에 대한 인식을 국가적 차원으로 끌어올리긴 했지만 모성에 기대어 모자 사이의 끈끈한 정서적 유대감을 강조하지는 않았다. 그런데 라이쵸의 주장대로라면 모성이 개인의 차원을 넘어 국가 안으로 강제로 흡수되어 버릴 위험성이 다분하다. 즉 국가에 기대어 국가에 예속되는 것을 감수해야만 모성보호 내지는 모성보장을 기대할 수 있다는 것이다.

모성보호와 인적자원

1919년(다이쇼8), 신부인협회 주관의「화류병 남자에 대한 피혼 동맹花柳病男子に対する避婚同盟」조직을 앞두고 라이쵸는 여성과 아이들을 성병으로부터 보호하기 위한 결혼제한 법률 제정을 요구했다. 그 대상으로 성병환자를 비롯해 정신병자, 나병환자, 간질환자 등이 포함되었다. 정신병이나 나병, 간질은 당시의 의료지식으로도 유전되지 않는다는 사실이 밝혀졌지만 라이쵸는 우생주의에 입각하여 그들의 결혼을 제한할 것을 주장하였다.

당시 정신병자, 나병환자는 이미 치료명목으로 격리정책이 추진되고 있었다.[16] 또 라이쵸가 지적한 바와 같이 결혼 전 건강진단서를 교환하는 일도 빈번하였다. 진단서에는 유전병 유무와 혈통이 기록되었다. 모성보호의 배후에는 이러한 유전 및 혈통에 대한 공포감이 잠재되어 있었던 것이다.

이로부터 20여 년이 지난 1940년 국민우생법國民優生法이 제정되자 라이쵸는「결혼·가정·아이」라는 제목의 글에서 다음과 같이 주장하였다.

전시 국가의 당면 요구로부터 인적자원 애호 문제가 발생하여 자연스럽게 결혼·가정·모성·육아의 문제가 국가 중대사로 새롭게 등장하게 되었습니다. (중략) 다이쇼 시대, 제가 결혼의 내적요소로 연애를 주장하는 한편, 결혼의 자유를 제한하는 것으로 요즘 말로 하면 민족위생의 입장과 모성보호 입장에서 악질자(정신병자, 정신박약자, 전염병자, 알코올중독자 등)의 결혼금지를 주장하

---

16) 斎藤光,「〈 二〇年代・日本・優生学 〉の一局面」,『現代思想』21―7, 1993.

였습니다. 또한 육아에 종사하는 어머니의 생활을 국가가 보장해야 한다고 주장해 왔습니다. 이것이 20년 이후, 민족우생보호법안이 쉽게 중의원을 통과하고 후생청이 조사하여 작성한 같은 법안이 더욱 완벽하게 다듬어지고 공무원들이 결혼상담을 해주거나 결혼수당을 고려한다든가, 공무원이 여성단체에 모성과 아동 보호정책을 자문하고 협력을 구하는 등 오늘날의 변화가 놀랍기 그지없습니다. 이런 비약적인 변화는 물론 시간의 힘이 아닌, 불가능을 가능케 한 놀라울 만한 전쟁의 힘이라는 것은 말할 것도 없습니다. 국가나 개인이나 결혼과 모성의 사회적 의의를 전쟁이라는 불가피한 현실 속에서 확인할 수 있었던 것은 매우 다행스러운 일이라고 생각됩니다.

1939년, 민족우생보호법안은 중의원은 통과했지만 귀족원 심의를 통과하지 못해 실현되지 않았다. 이듬해 후생성厚生省 대신大臣 요시다 시게루吉田茂가 다시 제출하여 통과되었다. 라이쵸는 전쟁 덕에 국가로부터 모성의 사회적 의의를 인정받은 것이라고 발언하였다. 이렇듯 우생주의와 결합한 모성주의는, 인간을 오로지 '인적자원'이라는 측면에서만 바라보았다. 그 결과 국가와 전쟁에 무익한 '인적자원'의 경우 사회로부터 철저히 배제하고 격리해 갔으며 더 나아가 말살하기에 이르렀다.[17]

모성애 공동체

20년 전 라이쵸는 아이를 적게 낳아 질 좋은 아이로 키우자고 주장하였다. 그런데 전쟁이 격화되자 "질 좋은 아이를 많이 낳자"고 주장한다. 소산소자小産小子에서 다산다자多産多子로 주장을 전환한 것이다. 이것은 국가의 모성 정책에 온전히 부합한 결과라 할 수 있다.

라이쵸는 전쟁 시기에는 발언을 삼가고 침묵하게 된다. 그러나 1936년

---

17) 鈴木善次,『日本の優生学』, 三共出版, 1983.

『요미우리読売신문』에 다음과 같은 천황숭배의 글을 게재한다.

현인신이신 천황을 받들어, 만민의 마음이 항상 천황을 중심으로 언제 어느 때
나 천황께 귀일하여 받들어 모실 수 있는 나라에 태어난 행복이 세계에 현존하
는 다른 나라에 비하니 (중략) 더욱 마음 속 깊이 감사합니다.

「여성의 감격」이라는 제목의 이 글을 보면 매우 빠른 시기에 천황숭배를
표명했다고 할 수 있다. 또한 1941년에는 『부인공론』을 통해 "요즘 들어 새
삼 일본 국체의 고마움이 전해져 온다. 천황폐하가 아마테라스 오미카미의
현인신이라는 것을 실감할 수 있었다"[18]라는 말로 천황에 대한 지지를 표하
고 있다.

라이쵸는 다카무라 고타로나 야나기다 구니오, 『주부의 벗』 등에 보이는
것처럼 노골적으로 모성, 모성애를 주장하지는 않았다. 그러나 모성을 국가
에 기대어 자리매김하는 순간 모성은 쉽게 정치적 논리에 흡수되어 버렸다.

온갖 미사여구로 채색된 모성, 모성애는 오로지 전쟁에 필요한 '인적자원'
확보를 위한 수단에 지나지 않았다. 여성의 섹슈얼리티는 성욕을 은폐하는
것으로 모성, 모성애로 일원화되었으며, 정치무대에서는 국가애, 내셔널리
즘 담론으로 승화해 갔다. 성애는 '야스쿠니의 어머니'라는 말이 대변하듯이
억제하거나 은폐할 수밖에 없었다.

근대의 '성性가족'은 아버지가 부재하는 가운데 모자를 중심으로 하는 '모
성애 공동체'로 변화하여 침략전쟁을 수행하는 남편─남자의 '국가애 공동
체'를 지탱해 가게 된다. 여자들의 '여자다움'은 모성애로 귀결되어 어머니와

---

18) 平塚らいてう, 「亡き父を偲びて」,(1941),『平塚らいてう著作集 6』, 大月書店, 1984.

아들의 밀착된 끈끈한 모자상애相愛 관계를 구축하게 된다. 그 다른 한편에서는 남자들은 아무런 걱정 없이 '남자다움'이라는 허울을 쓰고 전쟁터에서 야만스러운 성욕을 발산하였다. 여자들의 모성애를 거꾸로 뒤집어 놓으면 여자를 '출산하는 그릇'과 '쾌락의 그릇'으로만 간주하는 남근 중심주의가 그 모습을 드러낸다. 전후 50년이 지난 지금까지도 남자들의 '국가애 공동체'가 '회사애會社愛 공동체'로 겉옷만 살짝 바꿔 입은 채 근대의 '성가족'을 지탱하고 있다는 사실에 경악을 금치 못할 따름이다.

저자후기

　필자는 얼마 전 『처녀의 기도— 근대 여성 이미지의 탄생ォトメの祈り— 近代
女性イメージの誕生』(紀伊國屋書店, 1993), 『처녀의 신체— 여자의 근대와 섹슈
얼리티ォトメの身体— 女の近代とセクシュアリティ』(紀伊國屋書店, 1994)라는 제목의
책을 간행한 바 있다. 근대 일본 여성사의 밑그림을 그리고 싶어서였다. 특
히 '근대'라는 시공간 안에서 여성의 이미지와 섹슈얼리티가 어떻게 형성되
어 왔는지 여성잡지를 대상으로 분석하였다.

　이 책은 앞서 간행한 두 권의 책과 주제 면에서 상통한다. 단 조금 더 넓은
시야를 바탕으로 근대의 섹슈얼리티를 생각해 보고자 하였다. 전자의 책에
서는 고찰 대상은 주로 여성이었지만 이 책에서는 남성도 폭넓게 다루었다.
의외로 여성의 섹슈얼리티와 관련해서는 이야기거리가 많았지만 남성에 대
해서는 말할 것이 별로 없었다. 남자는 여자의 신체와 섹슈얼리티에 무지할
뿐 아니라 자신의 섹슈얼리티에도 무지했다. 이러한 깨달음은 곧 반성으로
이어졌다. 그렇지만 메이지 이후 오늘날에 이르기까지 섹슈얼리티를 둘러
싼 규격화된 '과학적' 담론에 남녀 모두가 얽매여 온 것은 부정할 수 없을 것
이다.

　근세의 '색' 문화에 비하면 근대의 섹슈얼리티 문화는 매우 화려하다. 이렇

듯 화려한 색감의 회화의 세계에서는 무엇보다 훌륭한 성애가 묘사되고 있다. 그런데 오늘날 이 화려한 세계는 사라지고 빈약한 성性만 회자되는 이유는 무엇일까? 이들 '색'의 문화를 다시금 들여다보고 싶었다.

이 책은 지금까지 필자가 발표한 아래의 논문들을 가필하거나 수정하여 새롭게 작성한 것이다.

제1장「색정의 에티카」,『에도의 진실 별책 다카라지마 126』,
　　　다카라지마사, 1991.
제2장「자궁의 근대」,『이마고』 3권 10호, 1992.
제3장·제4장「병든 여자」,『현대사상』 20권 6호, 1992;
　　　「'성가족'의 초상」,『사상』 845호, 1994.
제5장「여자의 병, 남자의 병」,『현대사상』 21권 7호, 1993.

발표 기회를 주신 편집자 이노우에 마나부井上学 씨, 고지마 기요시小島潔 씨, 니시구치 도오루西口徹 씨에게 감사드린다. 또한 덴리天理대학 역사문화학과 고고학 연구실 가나세키 히로시金関恕 교수님과 항상 밝은 분위기 속에서 연구에 매진하며 끊임없는 자극을 부여해 준 동료와 학생들에게 감사의 말을 전하고 싶다.

참고문헌

서장

北村透谷, 「処女の純潔を論ず」, 『透谷全集2』, 岩波書店, 1950.

M・フーコー, 『性の歴史 I 知への意志』, 渡辺守章訳, 新潮社, 1986.

上野千鶴子, 「セクシュアリティの社会学・序説」, 『岩波講座 現代社会学10 セクシュア
　リティの社会学』, 岩波書店, 1996.

1장

「飲食養生鑑」, 「房事養生鑑」(1855); 中野操編, 『錦絵 医学民俗志』, 金原出版, 1980.

林美一, 『艶色江戸の瓦版』, 河出文庫, 1998.

貝原益軒, 『養生訓・和俗童子訓』, 岩波文, 1961.

緒方正清, 『日本婦人科学史 下』, 丸善, 1914.

小林一茶, 「七番日記」, 『一茶全集 3』, 信濃毎日新聞社, 1976.

高尾一彦, 『近世庶民の文化』, 岩波書店, 1968.

近松門左衛門, 「博多小女郎波枕」, 『近淨瑠璃集 上 日本古典文学大系49』, 岩波書店,
　1958.

佐伯順子, 『文明開化と女性』, 新典社, 1991.

筧久美子, 「中国の女訓と日本の女訓」, 女性史総合研究会編, 『日本女性史 3』, 東京大学
　出版会, 1982.

福田和彦, 『江戸の性愛学』, 河出文庫, 1988.

家永三郎, 「増穂残口の思想」, 『日本近代思想史研究』, 岩波書店, 1953.

増穂残口, 『艶道通鑑』, 『近世色道論 日本思想大系60』, 岩波書店, 1976.

林美一, 『江戸艶本へようこそ』, 河出書房新社, 1992.

2장

「人間おしへ草」(1880), 「子の出来るはなし」(1880), 「父母の恩を知る図」(1882); 中野操
　　編, 『錦絵医学俗志』, 金原出版, 1980.

草田寸木子, 『女重寶記大成』(1692), 『子育の書 1 』, 平凡社, 1976.

『熊野之本地』, 横山重・藤原弘編, 『説経節正本集1』, 大岡山書店, 1936.

森下みさ子, 『江戸の徴意識』, 新曜社, 1998.

木下直之, 『美術という見世物』, 平凡社, 1993.

斎藤月岑, 『武江年表2』, 平凡社, 1968.

橋爪紳也, 『明治の迷宮都市』, 平凡社, 1990.

山本笑月, 『明治世相百話』, 第一書房, 1936.

杣田策太郎・桑原德勝編, 『男女交合得失問答』, 由己社, 1886.

稲生恒軒, 『いなご草』, 『子育の書き1』, 平凡社, 1976.

善亞頓(ゼームス・アストン), 『通俗造化機論』, 千葉繁訳述, 薔薇楼, 1876.

ゼームス・アストン, エドワルド・フート, 『通俗造化機論』, 千葉繁訳述, 魁真楼, 1887.

上野千鶴子, 「解説」, 『風俗・性・日本近代思想大系23』, 岩波書店, 1990.

木本至, 『オナニーと日本人』, インタナル株式会社出版部, 1972.

下川耿史, 『日本エロ写真史』, 青弓社, 1995.

M・ヴェーバー, 『プロテスタンティズムの倫理と資本主義の精神 下』(梶山力・大塚久
　　雄訳, 岩波文庫, 1962)

川村邦光, 「近代空間と座敷牢の民俗」, 『情況』4号, 1990.

金塚貞文, 「消費社会のセクシュアリティ」, 『岩波講座 現代社会学10 セクシュアリティ
　　の社会学』, 岩波書店, 1996.

荻野美穂, 「女の解剖学」(『制度としての〈女〉』, 平凡社, 1990.

Londa Schiebinger, "Skeletons in the closet : the first illustrations of the female skeleton
　　in eighteenth—century anatomy", in C. Gallagher & T. Laqueur (eds), The Making
　　of the Modern Body, University of California Press, 1987.

川村邦光, 『幻視する近代空間』, 青弓社, 1990.

3장

斎藤光,「セクシュアリティ研究の現状と課題」,『岩波講座 現代社会学10 セクシュアリティの社会学』, 岩波書店, 1996.

田山花袋,『蒲団』(1907),『田山花袋集 明治文学全集67』, 筑摩書房, 1968.

二葉亭四迷,『平凡』(1907),『二葉亭四迷全集 4』, 岩波書店, 1964.

緒方正清,『婦人家庭衛生学』増補版, 丸善, 1916.

古川誠,「『性欲』の確立問題」, 研究発表レジュメ, 1993.

樺島忠夫他編,『明治大正 新語俗語辞典』, 東京堂出版, 1984.

高山樗牛,「美的生活を論ず」,『太陽』7−9, 1901.

————,「自然の児」,『太陽』7−9, 1901.

森鷗外,「月草叙」(1896),『鷗外全集23』, 岩波書店, 1973.

島村抱月,「『蒲団』を評す」(1907),『島村抱月評論集』, 岩波文庫, 1954.

鈴木貞美,『『生命』で読む日本近代』, 日本放送出版協会, 1996.

石川啄木,「卓上一枝」(1908),『啄木全集4』, 筑摩書房, 1967.

————,「時代閉塞の現状」(1910),『啄木全集4』, 筑摩書房, 1967.

田山花袋,『東京の三十年』(1917), 岩波文庫, 1981.

田山花袋,『髪』(1912),『田山花袋集 明治文学全集67』, 筑摩書房, 1968.

内田魯庵,「近代の小説に就いて」,『イカモノ』, 金尾文淵堂, 1909.

石井研堂,『明治事物起原』増補改訂版, 日本評論社, 1969.

金子明雄,「メディアの中の死」,『文学』5−3, 1994.

大杉栄,『自叙伝』, 改造社, 1923.

徳富蘇峰,「当今の青年と社会の気風」,『中央公論』20−1, 1905.

内田魯庵,「自殺について」(1908),『内田魯庵全集 6』, ゆまに書房, 1984.

美中天,「所謂健全不健全」,『中央公論』20−2, 1905.

宮武外骨,「本社の新被告事件」,『滑稽新聞』217號, 1906.

成田龍一,「衛生環境の変化のなかの女性と女性観」(女性史総合研究会編,『日本女性生活史4』, 東京大学出版会, 1990)

成田龍一,「『性』の跳梁」(脇田晴子・Ｓ・Ｂ・ハンレー編,『ジェンダーの日本史 上』, 東京大学出版会, 1995)

4장

平塚らいてう,「かくあるべきモダンガアル」」(1927),『平塚らいてう評論集』, 岩波文庫, 1987.

牟田和恵,「戦略としての女」,『思想』812號, 1992.

＿＿＿＿,「セクシュアリティの編成と近代国家」,『岩波講座 現代社会学10 セクシュアリティの社会学』, 岩波書店, 1996.

平塚らいてう,「処女の真価」(1915),『平塚らいてうの著作集 2』, 大月書店, 1983.

与謝野晶子,「私の貞操観」(1911),『与謝野晶子評論集』, 岩波文庫, 1985.

＿＿＿＿,「貞操は道徳以上に尊貴である」(1915),『人及び女として』, 近田書店, 1916.

＿＿＿＿,「処女と性欲」(1915),『人及び女として』, 近田書店, 1916.

＿＿＿＿,「婦人と性欲」(1916),『我等何を求るか』, 天弦堂書房, 1917.

上野千鶴子,「解説」,『風俗 性 日本近代思想大系23』, 岩波書店, 1990.

平塚らいてう,「避妊の可否を論ず」,『婦人と子供の権利』, 天裕社, 1918.

川村邦光,「オトメの身体」, 記伊国屋書店, 1994.

伊藤野枝,「貞操についての雑感」(1915),『「青鞜」女性解放論集』, 岩波文庫, 1991.

大杉栄,「処女と貞操と羞恥と」(1915),『自由の先駆』, アルス, 1924.

沢田順次郎,『性欲に関して青年男女に答える書』, 天下堂書店, 1919.

羽太鋭治,『性欲及生殖器の研究と疾病療法』, 大東書院, 1920.

千葉亀雄,「それは誰一, 最終のもの」,『婦人公論』4月號, 1926.

市川源三,「性教育論」,『婦人公論』5月號, 1920.

髙島平三郎,「貞操解放か死か」,『婦人公論』8月號, 1920.

婦人世界記者,「凌辱された不幸なる婦人一家を如何にして光明に導くべきか」,『婦人世界』4月號, 1923.

州東生,「小倉鎮之助父子が凌辱の事実を発見したる当夜の実状 死よりも辛き涙の一夜」,『婦人世界』5月號, 1923.

浮田和民,「頻々たる凌辱事件と社会の輿論」,『婦人世界』5月號, 1923.

吉岡房子,「家庭と学校で如何に性教育を授くべきか」,『婦人世界』5月號, 1923.

舟木重雄,「泣いて妹の為に」,『婦人世界』6月號, 1923.

婦人世界記者,「島田清次郎氏と記者の会話」,『婦人世界』6月號, 1923.

富士川游,「思春期に於ける女子の保護と先導」,『婦人世界』6月號, 1923.

沢田撫松,「大野医学博士処女凌辱事件の真相」,『婦人世界』4月號, 1923.

厨川白村,『近代の恋愛観』, 改造社, 1922.

内田魯庵,「『破垣に就いて」」,『社会百面相 下』(1902), 岩波文庫, 1954.

二葉亭四迷,『平凡』(1907),『二葉亭四迷全集 4』, 岩波書店, 1954.

トルストイ・米川正夫訳,『クロイツェル・ソナタ』, 岩波文庫, 1928.

広津和郎,『神経病時代』(1917),『広津和郎・宇野浩二集 日本現代文学全集58』, 講談社, 1964.

村上鋭夫,「性欲の遊戯化」,『女性』9月號, 1923.

小田俊三,「必ず治る神経衰弱の最良療法」,『婦女界』6月號, 1923.

高島平三郎,「心と身の上相談所」,『婦人世界』4月號, 1923.

古川誠,「恋愛と性欲の第三帝国」,『現代思想』21—7, 1993.

サビーネ・フリューシュトック,「身の上相談欄と性科学の通俗化」, 研究会発表レジュメ, 1993.

赤川学,「オナニーの歴史社会学」,『岩波講座 現代社会学10 セックシュアリティの社会学』, 岩波書店, 1996.

上野千鶴子,『近代家族の成立と終焉』, 岩波書店, 1994.

『娘と妻とお母さんの衛生読本』,『主婦之友』8月號 附録, 1937.

羽太鋭治,『性慾と恋愛』, 日本評論社出版部, 1921.

5장

『娘と妻とお母さんの衛生読本』,『主婦之友』8月號 附録, 1937.

金塚貞文,「消費社会のセクシュアリティ」,『岩波講座 現代社会学10 セクシュアリティの社会学』, 岩波書店, 1996.

「婦人衛生問答」,『婦女界』5月號(1928), 10月號(1934), 11月號(1934)

彦坂諦,『男性神話』, 経書房, 1992.

小田亭,『性』, 三省堂, 1996.

6장

上野千鶴子,『家父長制と資本制』, 岩波書店, 1990.

間宮英宗,「名誉の戦死者の母や妻に慈悲の御法話」,『主婦の友』1937年9月號.

西条八十,「留守宅」,『主婦の友』1937年9月號.

川村邦光,「日本ナショナリズムの発掘」,『情況』4-1, 1993.

_____,『民俗空間の近代』, 情況出, 1996.

木村涼子,「婦人雑誌の情報空間と女性大衆読者層の成立」,『思想』812號, 1992.

若桑みどり,『戦争がつくる女性像』, 筑摩書房, 1995.

柳田国男,「日本の母性」(1942),『定本 柳田国男集29』, 筑摩書房, 1970.

沢山美果子,「子育てにおける男と女」, 女性史総合研究会編,『日本女性生活史 4』, 東京
     大学出版会, 1990.

石橋みつ子,「母の灯」,『主婦の友』1941年5月號.

高村光太郎,「皇国日本の母」,『主婦の友』1945年4月號.

_____,「日本婦道の美」,『主婦の友』1945年6月號.

加納実紀代,「大御心と母心」, 加納実紀代編,『女性と天皇制』, 思想の科学社, 1979.

_____,『女性たちの〈銃後〉』, 筑摩書房, 1987.

進藤喜美,『日本の母』, 富文館, 1943.

山崎英一,『軍国の母』, 豊川堂, 1943.

平塚らいてう,「我が現行法上の婦人」,『婦人と子供の権利』, 天祐社, 1919.

_____,「結婚・家庭・子供」(1940),『平塚らいてう著作集 6』, 大月書店, 1984.

_____,「女性の感激」(1936),『平塚らいてう著作集 6』, 大月書店, 1984.

_____,「亡き父を偲びて」(1941),『平塚らいてう著作集 6』, 大月書店, 1984.

斎藤光,「〈二〇年代・日本・優生学〉の一局面」,『現代思想』21-7, 1993.

沢野雅樹,『癩者の生』, 青弓社, 1994.

鈴木善次,『日本の優生学』, 三共出版, 1983.

藤野豊,『日本ファシズムと医療』, 岩波書店, 1993.

색인

서명

사항